엄마의
재취업

엄마의 재취업

1판1쇄 발행 2017년 2월 10일 글 김상호 그림 박수영 펴낸이 최향금 펴낸곳 작은서재
등록 제2013-29호 주소 서울시 도봉구 노해로70길 54, 1908-306 전화 02-6061-0124 팩스 02-6003-0025
ISBN 979-11-87831-01-3 13320

※ 잘못된 책은 구입한 곳에서 바꿔 드립니다.

엄마의 재취업

김상호 지음

작은서재

머리말
주부라는 비애 많은 직업, 엄마라는 공허한 호칭

"목구멍이 포도청"이라는 말이 있다. 먹고사는 일이 녹록치 않다는 의미다. 치열하게 일하지 않고 밥걱정 없이 살아가는 일부 계층을 제외하고, 대부분의 직업인은 먹고살기 위해 싫은 일도 참고 한다. 싫어하는 일도 묵묵히 수행하는 직업인들로 인해 오늘도 쉼 없이 세상은 돌아간다. 이들의 수고로운 노동이 우리 사회를 인간답게 살아갈 수 있는 삶의 터전으로 만드는 것이다.

사회라는 범위를 가정으로 좁혀보면, 가정을 꾸려가는 일은 대부분 주부의 몫이다. 주부의 헌신과 숨은 노력이 가정을 온실처럼 아늑하고 편안한 공간으로 만들고, 어린 자녀를 포함한 가족들은 학교와 일터에서 돌아와 휴식과 정서적 충만감을 얻는다. 이런 이유로 수많은 여성들이 결혼을 하고 자녀가 생기면 '엄마'라는 이름으로 살아간다.

우리가 알고 있는 직업 가운데 일 년 365일 내내 다람쥐 쳇바퀴처럼 돌아가는 고된 직업이 있다. 휴일도 휴가도 없다. 이 직업에 대한 직무 분석(Job Analysis)을 해보면 업무의 범위가 매우 넓다. 조리사, 상담사, 방문교사, 보육교사, 청소부, 바리스타가 되기도 하고, 때로는 운전사, 간호조무사, 간병인의 역할도 한다. 근로기준법의 적용도 못 받는다. 연금도, 고용보험도, 산재보험도 없으며, 최저임금도 보장받지 못한다.

바로 '주부'라는 직업이다. 주부라는 직업은 가족에 대한 희생을 기초로 한다. 이 직업은 가장 종사가가 많은 직업이며, 명함도 없다. 그리고 비애가 많은 직업이며, 오해가 많은 직업이며, 나이가 들어서 후회가 많은 직업이기도 하다.

흔히 '품 안의 자식'이라고 말한다. 내 품 안에 있을 땐 엄마를 절대시하며 따르지만, 나이가 들면 자신의 인생을 찾아 부모 곁을 떠난다. 그러면 많은 엄마들이, 특히 자녀가 대학에 진학하면 '엄마'라는 이름이 주는 책임감에서 어느 정도 해방되면서 자신의 삶을 되돌아본다. 늘어난 것은 주름이며, 남은 것은 흰머리다. 소위 말하는 솥뚜껑 운전으로 젊은 시절을 보내고 나면 과거 직장 경력이나 학창시절 배웠던 지식이나 기술은 더 이상 사회에서 통용되지 않는다. 자신의 정체성이 모호해지는 순간이다. 자식의 성적과 남편의 성공이 나의 인생을 보상해줄 것이란 믿음이 사라져간다.

이것이 대한민국 엄마의 표준적 삶의 모습이 아닐까? 그런데 이런 표준적 삶은 문득 허무한 인생으로 다가온다. '주부'는 아내로서, 며느리로서, 부모로서 희생만을 강요당하기에 공허할 수밖에 없는 것이다.

흔히 "늦었다고 생각할 때가 가장 빠른 때다."라고 말한다. 하지만 정말 늦었다는 생각이 들 때는 이미 늦은 때일 수 있다. 그러니 주저 말고 지금 당장 자신을 찾아나서자. 이 책은 출산, 육아, 가사 등의 문제로 경력이 단절된 30~50대 여성들의 성공 재취업을 위한 지침서가 될 것이다. 이제 주부라는 직업을 박차고 나가 집 밖으로 행군해 '엄마'가 아닌 자신의 이름으로 살아가기 바란다.

엄마들이여! 소리에 깨지 않는 사자처럼, 그물에 잡히지 않은 바람처럼, 진흙에 물들지 않는 연꽃처럼, 무소의 뿔처럼 혼자서 가라!

일러두기

이 책에는 경력 단절 여성이 재취업하기에 적당한 52가지 직업이 소개되어 있는데, 해당 직업과 관련된 요구 학력, 직업 규제, 소득 수준, 경단취업적합도, 직업 전망을 한눈에 알아볼 수 있도록 표로 정리하였다. 표에 나오는 ❀의 개수는 다음과 같은 의미를 지니고 있다.

	❀	❀❀	❀❀❀	❀❀❀❀	❀❀❀❀❀
요구 학력	학력 무관	고졸	전문대졸	대졸	대학원, 6년제 대학졸
직업 규제	직업 규제 없음	자격증 있으면 유리	전공과 무관하나 자격증 필요	대학 전공 후 면허시험 통과	대학원 수준 전공 후 면허시험 통과
소득 수준	매우 낮음	낮음	평균 소득	높은 소득	매우 높은 소득
경단취업적합도	매우 낮음	낮음	보통	적합	매우 적합
직업 전망	매우 나쁨	나빠질 전망	현재와 동일	나아질 전망	매우 좋아질 전망

요구 학력 어떤 직업을 수행하는 데 필요한 최소 학력 기준을 의미한다. 예를 들어 의사라는 직업을 수행하려면 의과대학을 졸업해야 한다. 어떤 직업은 요구 학력이 높고, 어떤 직업은 요구 학력이 낮다.

직업 규제 해당 직업에 대한 진입 장벽이라 할 수 있다. 변호사 일을 하려면 변호사 면허가 필요하고, 네일아트 일을 하려면 미용사(네일) 자격이 있어야 한다. 이때 미용사보다 변호사가 되기가 훨씬 어려우므로 변호사는 직업 규제가 강하다고 볼 수 있다.

소득 수준 직업에 따라 소득 수준이 다르다. 대개 직업 규제나 요구 학력이 높을수록 소득 수준이 높다. 창업이나 프리랜서 활동이 용이한 직업은 소득 격차가 크다.

경단취업적합도 경력 단절 여성이 일하기 적합한 정도를 말한다. 유연 근무(프리랜서, 시간제 근로 등) 가능성, 창업 가능성, 직무 특성 등을 바탕으로 하였다.

직업 전망 현재 상황이 아니라 장기적인 관점에서 볼 때 상대적으로 취업이 잘되고, 지금보다 소득이나 근로 여건 등이 나아질 것인지를 전망한 것이다.

차례

머리말 — 4
일러두기 — 7

PART 1
주부라는 직업을 박차고 나가려면
3050 경력 단절 여성의 재취업 전략

나를 해부하라	14
어디로 향할지 방향을 잡아라	18
어떤 일을 해야 할까	22
자녀 보육 문제 해결하기	29
컴퓨터와 친해져라	32
재취업에 도움이 될 금맥지도 그리기	35
잘할 수 있다는 자신감 올리기	38
구직자 지원 제도 활용하기	44
자격증으로 취업의 문을 열어라	49
직업 훈련비에 장려금까지 준다고?	59
알바는 취업을 위한 밑거름이다	66
이력서는 삶의 발자취다	68
화장을 하듯 자기소개서를 치장하라	71
경력 관리와 자기 성장을 염두에 둬라	78
창업, 신중히 접근하라	86
길이 없다면 만들어보자	93

PART 2
나는 매일 회사에 출근하고 싶다
꼬박꼬박 안정적인 월급을 받는 직업

01 │ 국제의료관광코디네이터 ·· 98
02 │ 귀금속 및 보석세공원 ·· 101
03 │ 그린마케터 ··· 104
04 │ 노인전문상담가 ·· 107
05 │ 동물원큐레이터 ·· 110
06 │ 디스플레이디자이너 ··· 113
07 │ 문화예술교육사 ·· 116
08 │ 병원코디네이터 ·· 119
09 │ 보육교사 ··· 122
10 │ 빛디자이너 ··· 125
11 │ 상품판매원 ··· 128
12 │ 생태어메니티전문가 ··· 131
13 │ 안내 및 접수사무원 ·· 134
14 │ 에코제품디자이너 ··· 136
15 │ 임상연구코디네이터 ··· 139
16 │ 전직지원전문가 ·· 142
17 │ 펀드레이저 ··· 145
18 │ 할랄인증컨설턴트 ··· 148
19 │ 회계사무원 ··· 151

PART 3
나는 자유로운 프리랜서가 좋다
아침마다 출근하지 않고도 돈을 벌 수 있는 직업

20	가사도우미	156
21	간병인	158
22	귀농·귀촌플래너	160
23	만화가(애니메이터)	163
24	미술치료사	165
25	방과후강사	168
26	베이비시터	171
27	보험설계사	174
28	북멘토	177
29	상담전문가 및 청소년지도사	180
30	소셜스토리텔러	183
31	숲해설가	186
32	스토리텔링매니저	189
33	스포츠 및 레크리에이션 강사	192
34	아이디어컨설턴트	195
35	에코쿡스토리에디터	198
36	아트토이디렉터	201
37	온라인마케터	204
38	음악치료사	207
39	전자출판전문가	210
40	주방보조원	213
41	학습지 및 방문교사	215

PART 4
나는 회사를 운영하는 사장이 되고 싶다
창업을 위한 디딤돌로 삼을 수 있는 직업

42 | 3D프린팅숍매니저 ·················· 220
43 | 공예원 ································· 223
44 | 메이크업아티스트 ·················· 226
45 | 바리스타 ····························· 229
46 | 북아티스트 ·························· 231
47 | 애완동물미용사 ···················· 234
48 | 작물재배종사자 ···················· 237
49 | 제과제빵사 ·························· 240
50 | 조리사 ································· 243
51 | 페도티스트 ·························· 246
52 | 피부관리사 ·························· 249

부록 — 253

나를 해부하라 | 어디로 향할지 방향을 잡아라 | 어떤 일을 해야 할까 | 자녀 보육 문제 해결하기 | 컴퓨터와 친해져라 | 재취업에 도움이 될 금맥지도 그리기 | 잘할 수 있다는 자신감 올리기 | 구직자 지원 제도 활용하기 | 자격증으로 취업의 문을 열어라 | 직업 훈련비에 장려금까지 준다고? | 알바는 취업을 위한 밑거름이다 | 이력서는 삶의 발자취다 | 화장을 하듯 자기소개서를 치장하라 | 경력 관리와 자기 성장을 염두에 둬라 | 창업, 신중히 접근하라 | 길이 없다면 만들어보자

주부라는 직업을 박차고 나가려면
– 3050 경력 단절 여성의 재취업 전략

나를 해부하라
나를 알고 상대를 알면 백전백승이다

"너 자신을 알라."

누구나 한 번쯤 들어본 명언일 것이다. 고대 그리스의 철학자 소크라테스가 한 말이라 알고 있는 사람이 많은데, 사실은 고대 그리스의 델포이 신전 입구에 적혀 있는 문구 중 하나이다. 일반인은 물론 유명한 철학자와 사상가들도 아폴론 신의 계시를 듣기 위해 델포이 신전에 몰려들었다. 소크라테스는 '자신의 무지를 깨달아야 한다.'는 점을 강조하기 위해 이 말을 인용했다.

소크라테스 이전에도 이 말을 한 철학자가 있었다. 세계를 구성하는 자연적 물질의 근원을 최초로 밝힌 철학자 탈레스이다. 그는 세상에서 가장 어려운 일은 자신을 아는 것이고, 가장 쉬운 일은 다른 사람에게 충고하는 것, 가장 즐거운 일은 목적을 이루는 것이라고 말했다.

자신을 아는 게 얼마나 어렵고도 중요한 일이면 수천 년 전 사

람들조차 이 말을 강조했을까 싶다. 예나 지금이나 자신을 안다는 것은 결코 쉬운 일이다. 만약 이 일이 쉬웠다면, 이런 명언이 지금까지 회자될 이유가 없다. 자아성찰, 즉 자신을 아는 것은 행복한 인생의 열쇠이며, 또한 성공한 인생의 열쇠가 된다.

가끔 취업 특강에서 자아성찰을 강조하면 많은 학생들이 "자아성찰을 어떻게 하나요?"라고 질문한다. 자아성찰은 자신의 내면세계를 들여다보는 것이다. 하지만 그게 쉽지 않다. 가장 효과적인 방법은 자신의 주위를 둘러보는 것이다.

내 방(room), 좋아하는 옷 스타일, 주위 친구, 내가 하고 있는 활동 등을 관찰해보자. 정리 정돈을 잘하고 규칙적인 것을 좋아한다면 창의력이 부족할 수 있다. 정장보다 캐주얼한 스타일의 옷을 좋아한다면 개방적인 성격일 수 있다. 또한 당신 친구들이 운동을 좋아하고 유머스럽다면 당신은 외향성을 선호한다고 말할 수 있다.

자아성찰의 또 다른 방법은 귀를 높게 가지는 것이다. 구체적으로 나에 대한 다른 사람들의 평가 및 분석에 귀를 기울이면 된다. 자신에게 좋은 이야기는 받아들이기가 쉽지만, 부정적인 이야기는 본능적으로 거부하게 마련이다. 하지만 자신의 행복과 성공을 위해서는 반드시 넘어서야 할 관문이다.

자신을 알아야 내게 부적합한 직업(일)을 피할 수도 있고, 내게 부족한 것을 채울 수도 있다. 세상에서 가장 자신을 잘 아는 사람은 본인일 것 같지만, 사실 가장 잘 모르는 사람이 바로 자기 자신이다. 다시 한 번 강조하지만 자아성찰은 내 주위를 파악하는 과정이며, 다른 사람과 나를 비교하는 과정이다. 성공한 직업 인생은 끊임없는 자아성찰에서 시작됨을 명심하자.

나의 상태를 객관적인 시각에서 냉철하게 바라보는 좋은 방법으로, 스왓(SWOT) 분석을 해보길 추천한다. 스왓 분석은 기업의 내부 환경을 분석해 강점과 약점을 파악하고, 외부 환경을 분석해 기회와 위협 요인을 찾아내는 경영 전략 수립 기법 가운데 하나이다. 그런데 이런 스왓 분석을 기업뿐만 아니라 개인에게도 적용할 수 있다. 스왓 분석을 해봄으로써 나의 강점과 약점이 무엇인지 구체적으로 알 수 있고, 이를 통해 어떤 행동을 할 때 객관적인 의사결정을 내릴 수 있다.

오랫동안 일을 쉰 경력 단절 여성이 재취업을 희망할 경우 가족이나 주위 여건 등 고려해야 할 사항이 많으므로 가족과 함께 진지하게 다음 그림을 완성해보자. 자신을 이해하는 데 많은 도움이 될 것이다. 스왓 분석 결과는 재취업을 위한 직업 상담 시 참고자료로 활용하면 좋다.

| 주부인 나의 재취업을 위한 스왓 분석 |

Strength (자신의 내적 강점)	Weakness (자신의 내적 약점)
Opportunity (주위 환경과 여건상 유리한 점)	Threat (주위 환경과 여건상 불리한 점)

어디로 향할지 방향을 잡아라
현실과 사회 트렌드를 파악한 뒤 인생 계획을 세우자

외부로부터 힘이 작용하지 않는 한 모든 물체는 자신의 상태를 그대로 유지하려는 성질이 있는데, 이를 '관성의 법칙'이라 한다. 멈추어 있는 물체는 계속 멈추어 있으려 하고, 움직이던 물체는 현재의 속도를 유지하려는 현상이다. 예를 들면 달리던 차가 급정거하면 앞으로 넘어지고, 멈추어 있던 차가 급출발하면 몸이 뒤로 쏠린다.

우리가 살아가는 사회에도 이런 관성의 법칙이 적용되어 늘 하던 대로 움직인다. 사람들의 행동양식 또한 관성에 따라 늘 일정하다. 이를 가리켜 '경로 의존성'이라고 한다. 그래서 많은 사람들이 경력 단절 이후 새롭게 일을 시작하더라도 이전의 일을 되풀이하곤 한다. 특히 전문직의 경우 과거에 하던 일을 그대로 하는 사례가 많다. 예를 들어 사무원이었던 사람은 계속해서 사무원 일을 하고, 간호사였던 사람은 간호사 일을 계속한다.

물론 과거에 했던 일을 다시 할 경우 재취업에 성공할 가능성이 높다. 그런데 문제는 예전에 하던 일에 진저리가 나거나, 그 일에 대한 사회적 처우가 좋지 않다면 어디로 향할지 도무지 방향을 잡을 수가 없다는 점이다. 또한 지금의 현실과 너무 맞지 않는 경우도 있다. 예를 들어 번역 일의 경우 인공지능 기능이 더해진 구글 번역기 때문에 예전에 비해 전망이 불투명해졌다.

여성의 재취업은 자신과 가족의 생활양식(life style)을 결정하는 중요한 선택이므로 자신이 어떠한 방향으로 나아갈지 신중히 결정해야 한다. 이를 위해서 개인적으로, 사회적으로 자신이 처한 현실을 잘 파악할 필요가 있다. 또한 장기적 관점에서 방향을 설정해야 한다. 이때 자신의 과거 이력, 즉 예전에 어떤 일을 했는지는 중요하게 고려해야 할 포인트지만 이를 절대시할 필요는 없다.

어디로 향할지 방향을 정하려면 다음 세 가지를 명심해야 한다.

첫째, 현실을 정확히 바라보자. 이를 위해서는 무엇보다도 왜 취업을 하려는지 그 이유를 냉정히 파악해보아야 한다. 부족한 생활비나 교육비처럼 경제적인 이유 때문인지, 아이들을 다 키우고 나니 뭔가 의미 있는 일을 하고 싶어서인지, 아니면 단지 시간이 남아서인지 등. 직업을 구할 땐 누구나 멋진 일과 집을 떠난 자유를 동경하는 법이다. 하지만 이런 일은 그다지 많지 않다. 더군다나 회사를 그만둔 기간이 길 경우, 마음에 드는 직장을 구하기는 정말 힘들다. 그러니 자신의 희망 사항은 반으로 접어두자.

둘째, 사회 트렌드를 점검하자. 여성 재취업은 경기에 크게 영향을 받는다. 경기의 호황 또는 불황이 업종마다 직종마다 다르므로 가급적 호황기에 맞춰 집을 박차고 나오는 것이 유리하다. 예를 들어 금융권의 구조조정이 예상되는 상황이라면, 은행에 종사한 경력 단절 여성이 은행으로 재취업하는 것은 현실적으로 어렵다. 물론 재취업하려는 목적이 일시적으로 부족한 생활비 충당이나 갖고 싶은 물건을 사기 위해서라면 이야기가 달라질 것이다.

셋째, 자신의 인생 계획을 충분히 고려하자. 우리나라 현실에서 서른이 훌쩍 넘은 나이에, 그것도 결혼 및 출산을 한 여성이 몇 년간 쉰 다음 재취업하는 것은 쉽지 않다. 앞으로 몇 년간 계속 일할 생각이라면 사회생활에서 자신이 걸어가야 할 길에 대한 큰 방향성은 어느 정도 정해졌다고 볼 수 있다. 예를 들어 노후에 전원 생활을 하고 싶다면, 버섯종균기능사와 같은 일을 배워두면 전원 생활과 재취업이라는 목적을 동시에 이룰 수 있다.

위 세 가지를 생각한 다음에는 한국고용정보원에서 운영하는 워크넷(www.work.go.kr) 같은 취업 사이트에 접속하여 요즘 취업이 잘되는 일이 무엇인지 급여가 높은 일자리가 뭐가 있는지 파악해보라. 아울러 이런 직업을 얻기 위해 어떠한 조건을 갖춰야 하는지도 꼼꼼히 따져보아야 한다. 자격증이 필요한 경우도 있다.

미국 스탠퍼드 대학교 총장을 지낸 유명한 동물학자인 데이비드 스타 조던은 "인생이 길든 짧든 어떤 목표로 살았느냐에 따라서 그 사람의 가치가 정해진다. 그리고 세상은 자신이 어디로 향할지 알고 있는 사람에게 길을 열어준다."라고 말했다. 자녀가 있는 주부의 경우 대개 자신의 정체성이 엄마라는 말 속에 숨어버린다. 자식에 대한 책임이 삶의 가장 중요한 목표가 되는 것이다. 한 사람의 배우자, 한 아이의 엄마가 된 현실을 감안하고 사춘기 시절 인생 계획을 세우듯 다시 한 번 인생 설계도를 그려보기 바란다.

무작정 일자리부터 구하기 전에 자신의 가치관을 명확히 들여다보자. 그래야 자신의 상황에 맞는 일자리를 구할 수 있다. 예를 들어 자녀 교육을 가장 우선시한다면 자녀가 성장할 때까지 안정적으로 다닐 수 있는 직장을 구해야 하고, 자아실현이 목적이라면 급여나 근무 환경보다는 자아를 잘 실현할 수 있는 직장을 구해야 한다.

다음 네 가지 질문에 대해 곰곰이 생각해보며 자신의 가치관을 들여다보자.

- 나에게 가장 소중한 것은 무엇인가?

- 돈이 많은 사람도 왜 일을 해야 하는가?

- 모든 직업에서 같은 액수의 돈을 받는다면 하고 싶은 일은 무엇인가?

- 만약 100억 원이 생긴다면 무슨 일을 하겠는가?

어떤 일을 해야 할까
무료 적성검사로 내게 맞는 직업을 찾아라

청소년기에는 다들 자신의 적성과 꿈을 찾아 헤맨다. 그런데 재취업을 생각하는 주부 역시 또다시 이런 고민과 마주하게 된다. 어떤 직업이 내게 맞을지, 일은 어렵지 않을지 걱정이 앞선다. 물론 대다수의 사람들이 월급만 듬뿍듬뿍 받는다면 꿈이니 적성 따윈 필요 없다고 생각한다. 그런데 문제는, 일은 쉬운데 급여가 높은 일이 많지 않다 보니 경쟁이 치열하다는 것이다.

그래서 주부가 된 이제는 꿈을 찾던 청소년 시절이나 대학 시절보다 오히려 재미라는 것이 더욱 중요하다. 어차피 월급을 많이 받지 못한다면 재미라도 있어야 참을 수 있을 것 같기 때문이다. 그리고 이제 뭘 좀 아는 나이가 되었으니, 타고난 유전적 요인보다 살아오면서 환경에 영향을 받아 변화된 나의 모습을 직업과 관련된 각종 검사를 통해 파악해보자. 재취업 성공 확률을 높이고 실패 확률은 확 줄일 수 있을 것이다.

　한 가지 팁을 알려준다면, 굳이 유료 적성검사를 선호할 필요가 없다. 과천의 국립현대미술관이나 덕수궁 국립현대미술관의 시설 및 전시 작품의 수준이 비싼 입장료를 내야 하는 미술관과 비교하여 결코 손색이 없는 것처럼 말이다. 직업과 관련된 검사는 공공기관에서 무료로 제공하는 것들이 많다. 그중 한국직업능력개발원의 커리어넷(www.career.go.kr)과 한국고용정보원의 워크넷(www.work.go.kr)에서 제공하는 검사를 추천한다.

커리어넷
　자신의 특성을 파악하고 적합한 직업 및 학과 정보를 탐색할 수 있도록 하여 진로 문제를 해결하고 의사결정을 하는 데 유용한 정보를 얻을 수 있다. 청소년과 성인 대상 심리검사가 있다. 청소년 대상

심리검사에서는 직업적성검사, 직업흥미검사, 직업가치관검사, 진로숙성도검사를 할 수 있다. 성인 대상 심리검사에서는 진로개발준비도검사, 주요능력효능감검사, 이공계전공적합도검사, 직업가치관검사를 할 수 있다.

| 커리어넷 대학생 및 성인 대상 심리검사 목록 |

워크넷

비교적 컴퓨터에 익숙하지 않은 사람도 쉽게 사용할 수 있도록 메뉴가 구성되어 있다. 검사 시간은 대략 20분부터 90분까지 다양하다. 청소년을 대상으로 하는 10종의 검사와 18세 이상의 성인을 대상으로 하는 13종의 검사가 있다. 온라인 검사 결과는 즉시 확인할 수 있다. 지필 검사는 고용노동부 고용센터와 인력은행 등에서 실시하며, 검사 결과에 대하여 상담을 원할 경우에는 고용센터로 방문하거나 전화로 상담을 받을 수 있다.

워크넷에 있는 직업심리검사 중 몇 가지를 구체적으로 살펴보겠다.

| 워크넷 청소년 대상 심리검사 목록 |

청소년 대상 심리검사 | 성인 대상 심리검사

심리검사 명	검사시간	실시가능	검사안내	결과예시	검사실시
청소년 직업흥미검사	30분	인터넷, 지필	안내보기	예시보기	검사실시
고등학생 적성검사	65분	인터넷, 지필	안내보기	예시보기	검사실시
청소년 적성검사(중학생용)	70분	인터넷, 지필	안내보기	예시보기	검사실시
직업가치관검사	20분	인터넷, 지필	안내보기	예시보기	검사실시
청소년 진로발달검사	40분	인터넷, 지필	안내보기	예시보기	검사실시
청소년 직업인성검사 단축형	20분	인터넷, 지필	안내보기	예시보기	검사실시
청소년 직업인성검사 전체형	40분	인터넷, 지필	안내보기	예시보기	검사실시
고교계열흥미검사	30분	인터넷	안내보기	예시보기	검사실시
대학 전공(학과) 흥미검사	30분	인터넷	안내보기	예시보기	검사실시
초등학생 진로인식검사	30분	인터넷, 지필	안내보기	예시보기	검사실시

심리검사 결과조회   심리검사 상담하기

| 워크넷 성인 대상 심리검사 목록 |

청소년 대상 심리검사 | **성인 대상 심리검사**

심리검사 명	검사시간	실시가능	검사안내	결과예시	검사실시
성인용 직업적성검사	90분	인터넷, 지필	안내보기	예시보기	검사실시
직업선호도검사 S형	25분	인터넷, 지필	안내보기	예시보기	검사실시
직업선호도검사 L형	60분	인터넷, 지필	안내보기	예시보기	검사실시
구직준비도검사	20분	인터넷, 지필	안내보기	예시보기	검사실시
창업적성검사	20분	인터넷, 지필	안내보기	예시보기	검사실시
직업전환검사	20분	인터넷, 지필	안내보기	예시보기	검사실시
직업가치관검사	20분	인터넷, 지필	안내보기	예시보기	검사실시
영업직무 기본역량검사	50분	인터넷, 지필	안내보기	예시보기	검사실시
IT직무 기본역량검사	95분	인터넷, 지필	안내보기	예시보기	검사실시
준고령자 직업선호도검사	20분	인터넷	안내보기	예시보기	검사실시
대학생 진로준비도검사	20분	인터넷, 지필	안내보기	예시보기	검사실시
이주민 취업준비도 검사	60분	인터넷	안내보기	예시보기	검사실시
중장년 직업역량검사	25분	인터넷	안내보기	예시보기	검사실시

심리검사 결과조회   심리검사 상담하기

| 청소년 직업흥미검사

직업흥미검사는 직업적 흥미를 체크하고 진로 선택의 방향을 모색하기 위한 검사이다. 청소년을 대상으로 하는 검사지만 진로에 대해 막연한 기대를 갖고 있는 사람이라면 꼭 한 번 받아보기 바란다. 직업 선호도가 분명하지 않은 사람, 또는 여러 분야에서 자신의 능력이 뚜렷하게 구분되지 않는 사람에게도 도움이 될 것이다.

이 검사를 통해 여러 직업에 대한 개인적 흥미 및 자신감을 측정할 수 있다. 아울러 일상생활에서 개인이 갖고 있는 심리적 성향에 대해서도 알 수 있어서 개인 차원에서 직업에 대한 이해도를 높일 수 있다. 청소년 자녀를 둔 학부모라면 사랑하는 자녀의 진로 정보도 구할 수 있으니 일석이조다. 상급학교 진학 및 전공 선택뿐만 아니라, 진로 결정 시 직업 훈련 프로그램 선택과 같은 취업에 유용한 자료를 얻을 수 있다. 검사 시간은 대략 30분이다.

| 성인용 직업적성검사

개인이 어떤 직업에 관한 적성을 가지고 있는지를 알아보는 검사다. 다시 말해 어떤 직업에서 그 직무를 성공적으로 수행할 수 있는지를 파악하기 위한 검사이다. 이 검사를 받아보면 개인에게 적합하다고 판정된 적성직업군이 제시된다. 여기서 제시된 직업을 잘 살펴보면, 어떤 일이 나에게 맞는지 그 유형을 알 수 있다.

커리어넷의 직업흥미검사와 함께 직업적성검사를 실시하면 더욱더 효과적인 직업 상담을 받을 수 있다. 검사 시간은 90분 정도 걸린다.

| 직업선호도검사

어떤 직업에 관심과 흥미가 있는지를 파악하기 위한 검사이다. 아울러 이 검사를 통해 어떤 직업을 선택하면 직업적으로 성공할 가능성이 높은가도 알아볼 수 있다. 이 검사는 직업적 흥미뿐 아니라 성격, 성장 과정, 환경 등을 종합적으로 고려해 개인에게 적합한 직업이 무엇인지 추천해준다.

직업선호도검사에는 L형(long form)과 S형(short form)이 있다. L형은 흥미검사(직업에 대한 여섯 가지 흥미 유형 측정), 성격검사(직무에 관련된 다섯 가지 성격 요인 측정), 생활사검사(개인의 과거 환경과 경험을 통한 특정 직업의 적합성 측정)로 구성된다. 검사에 필요한 소요 시간은 대략 60분 정도이다. S형은 흥미검사 위주로 구성되며, 약 25분 정도 걸린다.

| 구직준비도검사

구직 의욕, 구직의 적극성, 경제 상황, 일자리 수용 자세, 구직 동기 등을 파악하기 위한 검사다. 검사 시간은 20분 정도이다. 경력 단절 여성이 처음 시도해보면 좋은 검사이다.

| 창업적성검사

소규모 창업을 원하는 성인을 대상으로 검사를 실시해 사업가적 기질의 유무와 적합성 여부와 함께 적절한 창업 직종 등을 알려준다. 사업지향성, 문제해결능력, 주도성, 자신감, 업무완결성, 성실성 등이 측정 항목이다. 검사 시간은 20분 정도 걸린다.

| 직업전환검사

실직 후 직업을 전환하고자 하는 사람에게 가장 잘 적응할 수 있고 성공 가능성이 높은 직업을 추천해준다. 노력, 적극성, 집중도, 성실성, 분노, 열등감 등을 측정한다. 검사 시간은 20분 정도 걸린다.

자녀 보육 문제 해결하기
자녀는 경력 단절의 시작이자 마침표다

유대인 격언에 이런 말이 있다. "신이 모든 곳에 있을 수 없기에 신은 어머니를 만들었다." 모성이 가진 헌신적 사랑을 단적으로 표현하는 격언이다. 우리 속담에 "자식 떼고 돌아서는 어미는 그 발자국마다 피가 고인다."는 말도 있다. 자식을 두고 일을 나가는 어머니의 심정을 엿볼 수 있다.

바로 이 문제 때문에 자녀를 둔 직장 여성의 경력 단절이 시작된다. 그리고 이 문제가 해결되어야 경력 단절도 끝나고, 재취업도 가능하다. 믿을 만한 사람이 자녀를 돌봐준다면 운이 좋다. 가장 좋은 방법은 친정어머니 또는 시부모님이 손자 손녀를 돌보는 것이다. 하지만 상당수는 이런 혜택을 누리기 힘들다.

그렇다고 직장을 포기하는 더더욱 힘들다. 만약 주위 사람들의 도움을 받지 못한다면 싸고 질 좋은 보육시설을 찾아야 한다. 가장 좋은 방법은 직장 보육 시설이 있는 직장에 취업하는 것이다. 하지만 직장 보육 시설이 있는 기업이 많지 않으므로 이를 활용하는 것은 쉽지 않다. 따라서 현실적으로 정부의 각종 보육 관련 제도를 이용하는 것이 최선이다.

우선 여성가족부의 '아이돌봄서비스'가 있다. 이 서비스는 만 3개월~만 12세 아동의 가정에 아이돌보미가 찾아가 일대일로 아동을 돌봐주는 서비스이다. 야간이나 공휴일에도 이용할 수 있어 매우 편리하다. 여성가족부에서 운영하는 또 다른 프로그램은 '위드맘'이다. 만 0세~만 5세 어린이집 이용 아동의 가정에 보육료를 지원해준다. 그리고 만 12세 미만의 아동이 있는 저소득 한부모 가족은 아동 양육비를 지원받을 수 있다. 만 2세 미만의 영유아가 있는 미혼모를 위한 지원 혜택도 있다.

보건복지부는 2016년 7월부터 '맞춤형 보육제도'를 시행하고 있다. 어린이집을 이용하는 만 2세 이하의 아동을 대상으로 한다. 취업이나 구직, 장애, 다자녀, 임신, 한부모, 입원·간병 등의 사유가 있는 경우 종일반(07:30~19:30)을 이용하고, 전업주부는 맞춤반(09:00~15:00)을 이용할 수 있다. 그리고 만 3세~만 5세 아동인 경우에는 누리과정을 통해 학비를 지원받을 수 있다.

그런데 만 6세 이상의 자녀가 있는 경우에는 보육료 지원을 받기 힘들므로 주부가 취업을 하면 자녀를 학원에 보내거나 집에 혼자 두기도 하는데, 이는 부모나 아이 모두에게 힘든 상황이다. 이런 경우 전일제가 아닌 '시간선택제 일자리'를 택하는 방법이 있다. 시간선택제 일자리란 고용노동부에서 추진하는 사업으로, 전일제 근로

자와 비교하여 근로 시간을 짧게 하는 것이다. 근로 시간이 짧아져 급여는 줄어들지만 근로 조건은 차별이 없다. 주로 공공부문에서 시간선택제 일자리를 추진하고 있다. 아침에 출근해서 자녀가 학교나 유치원에서 돌아올 시간에 퇴근하는 형태로 이용하는 사람들이 많다. 직장을 다니면서 육아도 챙길 수 있어 주부들에게 매우 유용한 정책이다.

| 각종 보육 관련 제도 |

프로그램 명칭(주무 부서)	제도 개요	지원 대상	지원 내용
아이돌봄서비스 여성가족부 www.idolbom.go.kr	맞벌이 가정의 아동을 안전하게 돌봐주는 서비스	만 3개월~만 12세 아동	부모가 올 때까지 아동의 집에서 종일 또는 시간제로 돌봐준다. 아동과 관련한 가사 서비스도 제공한다.
위드맘 WithMom 여성가족부 withmom.mogef.go.kr	저소득 한부모와 아동의 건강한 생활을 지원하는 정책 사업	• 저소득 한부모 가족 : 만 12세 미만 아동 • 보육료 : 만 0세~만 5세 아동 • 미혼모 : 만 2세 미만 영유아	저소득 한부모 가족, 미혼 한부모 가족을 지원한다. 미혼모 보호, 양육 및 자립 지원, 미혼 한부모 교육을 실시한다.
누리과정 교육부·보건복지부 www.moe.go.kr/2016nuri	공정한 교육 기회를 보장하기 위해 수준 높은 교육 과정 제공	만 3세~만 5세	부모의 소득 수준에 관계 없이 유아의 학비와 보육료를 지원한다.
시간선택제일자리 고용노동부 www.moel.go.kr/policyinfo/new/create/view_content01.jsp	자율적인 근로	전 대상	원하는 시간대를 선택하여 근무할 수 있게 한다.

컴퓨터와 친해져라
컴퓨터 활용 능력에 따라 재취업의 질이 달라진다

    2016년 봄 전국이 떠들썩했던 역사적 이벤트 하나가 있었다. 인공지능인 알파고가 바둑 천재 이세돌을 4승 1패로 가볍게 이긴 것이다. 필자는 알파고의 5연승을 예측했다. 다행히 인간이 1승을 하여 체면치레는 했다. 사실 지금의 컴퓨터공학과 뇌 과학 그리고 인공지능 기술이 어느 정도 발전했는지 파악하고 과학 기술 동향을 따라가고 있는 사람이라면, 이 사건을 그다지 특별한 이벤트라 여기지 않는다. 오히려 알파고가 1패를 한 것이 이상하다고 여길 사람도 있을 것이다.

    이런 컴퓨터에 의해서 앞으로 수많은 직업이 사라질 것이란 우울한 예측도 있다. 옥스퍼드 대학교 마틴 스쿨의 칼 베네딕트 프레이와 마이클 오스본의 〈고용의 미래 : 우리의 직업은 컴퓨터화에 얼마나 민감한가〉(2013)라는 논문에 따르면, 자동화와 정보기술의 발달로 미국 내 직업의 47퍼센트가 10년이나 20년 내에 기계화 및 자동화로 대체될 것이라고 한다.

이제 컴퓨터는 현대 생활의 필수품이다. 컴퓨터는 일상생활뿐만 아니라 직업과도 긴밀히 연결되어 있으므로 컴퓨터를 잘 활용하지 못하면 업무 수행에 어려움이 따른다. 그러므로 취업을 하려면 컴퓨터 활용 능력이 중요하다. 특히 전문직이나 사무직을 희망한다면 컴퓨터와 친해져야 한다. 그런데 주부들 중에는 아직도 컴퓨터를 두려워하는 사람이 많은 듯하다. 인터넷 쇼핑을 하거나 아이들 과제물을 봐주는 실력으론 직장 생활에 애로가 많다.

그럼 어떻게 하면 컴퓨터와 친해질 수 있을까? 컴퓨터 학원에라도 다녀야 할까? 물론 좋은 방법이다. 하지만 더 쉽고 간단한 방법이 있다. 젊은이들과 친해지는 것이다. 젊은이들은 대부분 컴퓨터 활용 능력이 뛰어나다.

사실 대부분의 중년 여성이라면, 지금까진 비슷한 또래의 아줌마들과 어울려 지냈을 것이다. 하지만 취업을 하면 큰 변화가 생긴다. 20대와 30대 초반 처녀, 총각들을 접하게 된다. 이들과 친해져야 한다. 왜냐하면 이들에게 물어보고 배울 게 많기 때문이다.

대표적인 사례가 컴퓨터나 스마트폰 및 전자기기 등의 사용이다. 단순한 타이핑 실력에서도 엄청난 차이가 난다. 각종 메일 발송, SNS를 통한 고객 관리, 여러 가지 프로그램 사용법 등을 그들에게서 배워야 한다. 소프트웨어들은 수시로 업그레이드되고 있다. 아래아한글과 엑셀도 몇 년 전과 비교해 많이 진화했다.

다시 한 번 강조하건대, 엄마들이여 젊은이와 친해져라. 그리고 컴퓨터의 활용 능력을 향상시켜라. 컴퓨터는 재취업을 원하는 주부가 집을 나오기 위한 가장 좋은 도구이다. 집을 나오려면 우선 일자리를 알아봐야 하는데, 이때도 컴퓨터가 막강한 위력을 발휘한다. 사설 취업 알선 기관을 알아보지 말고 여성을 위한 여러 공공기관에서 운영하는 전용 취업 사이트를 들여다보자. 사용료도 들지 않으니 주저 없이 검색해보자.

"컴을 지배하는 자, 재취업을 지배할 것이다."

| 여성을 위한 대표적인 취업 사이트 |

프로그램 명칭(주무 부서)	제공 서비스
여성새로일하기센터 www.mogef.go.kr	경력 단절 여성의 경제 활동이 가능하도록 구인 구직 상담, 직업 교육훈련, 인턴십, 사후 관리 서비스 등을 제공한다.
여성가족부 www.mogef.go.kr	여성의 경제활동 증진 및 확대를 위하여 여성 정책 수립, 여성 인력 개발, 경력 단절 여성 지원 등의 서비스를 제공한다.
(사)한국여성인력개발센터연합 www.vocation.or.kr	전국 22개 법인, 53개 지역별 센터를 운영하고 있으며 내일배움카드제, 취업성공패키지 등의 직업 훈련 프로그램과 취업·창업 지원, 직업 상담, 각종 강연 등을 제공한다.
꿈수레 경기여성정보 www.womenpro.go.kr	꿈수레는 경기도에서 운영하는 공공 여성 전문 교육 기관으로 온라인 교육, 취업·창업 정보 제공, 일대일 맞춤형 경력 코칭, 여성 특화 교육 콘텐츠 등을 제공한다.
여성을 위한 취업 솔루션 꿈날개 www.dream.go.kr	여성에 특화된 온라인 경력 개발 포털 서비스를 제공한다. 온라인 무료 교육, 취업·창업 역량 진단, 취업 상담, 직장 적응 상담 서비스 등을 제공한다.
아이사랑 www.childcare.go.kr	보건복지부가 운영하는 임신 육아 종합 포털로서 임신, 출산, 육아, 어린이집, 각종 상담 등의 정보 서비스를 제공한다.

재취업에 도움이 될 금맥지도 그리기
인터넷보다 강한 줌마넷을 활용하라

사회연결망 이론이 있다. 개인이나 집단, 사회가 복잡한 네트워크로 연결되어 있다는 것이다. 이 네크트워크에서 사람들은 때론 가족처럼 혈연으로 강하게 연결되어 있고, 상당수는 각종 모임, 학교에서 만난 지인이나 친구처럼 약한 인연으로 연결되어 있다.

여기서 우리가 중요하게 볼 점은 피로 연결된 가족같이 강한 끈(인연)이 약한 효과를 발휘하며, 지인이나 친구처럼 약한 끈이 오히려 강한 효과를 발휘한다는 것이다. 이를 '약한 연줄의 강한 힘'이라고 표현한다.

예를 들어 공공기관에 괜찮은 아르바이트 자리가 생겼다고 하자. 이 경우 담당자는 이 자리에 업무 적합성이 높은 친인척이 있다 할지라도 친인척에게 이 일을 하라고 권유할 수는 없다. 왜냐하면 친인척에게 혜택이 주어질 경우 불필요한 오해를 받을 수도 있으며, 만약 그 친인척이 일을 제대로 못할 경우 자신이 난처해질 수 있기 때문이다.

하지만 그냥 아는 이웃이나 친구라면 이야기가 다르다. 좋은 일자리가 있고 업무 특성상 잘 맞을 것 같으니 공개모집할 때 원서를 내보라고 권할 수 있다. 사실 좋은 정보는 인터넷이나 책, 신문기사에 있는 것이 아니라 사람들의 머릿속이나 입속에 있다. 그래서 수많은 자기계발 서적이 인맥관리의 중요성을 역설하는 것이다.

이 인맥관리를 가장 많이 실천하는 사람은 바로 주부이다. 각종 SNS, 전화, 커피와 함께하는 온갖 수다 속에 정보가 들어 있다. 이럴 땐 인터넷보다 '줌마넷(아줌마통신)'이 더 효과적이다. 줌마넷은 아주 강력한 힘을 갖춘 비공식적인 최고의 취업 사이트이다. 실제로 많은 주부들이 줌마넷을 통하여 일자리를 알아본다. 왜냐하면 대개 같은 지역에 거주하며 연령대와 교육 수준이 비슷하기 때문이다. 더욱이 상대방의 집안 사정도 대략적으로 알고 있으니 맞춤형 취업 지원 서버가 된다. 즉 알음알음으로 구인자와 구직자를 연결해줄 수 있고, 정보의 신뢰성도 높은 편이다.

그러므로 재취업을 원한다면 나는 재취업을 할 것이라고 주변 사람들에게 광고할 필요가 있다. 자신이 아는 지인을 최대한 활용하여 일자리, 직업 훈련, 경력 단절 여성을 위한 프로그램, 유망할 것 같은 자격증, 자녀와 관련된 보육 시설 등에 대한 정보를 얻어야 한다.

하지만 줌마넷은 정보의 양이 제한적이며, 믿을 수 있는 검증 절차가 없는 경우도 있으므로 주의해야 한다.

자, 그럼 이제부터 자신의 재취업에 도움이 될 만한 사람들을 떠올려보자. 이때 머릿속으로만 그리지 말고, 차근차근 그림으로 그려보자. 이른바 '재취업 금맥지도'다. 어디선가 금덩어리를 캐낼 수도 있다.

| 나의 인맥 지도 그리기 |

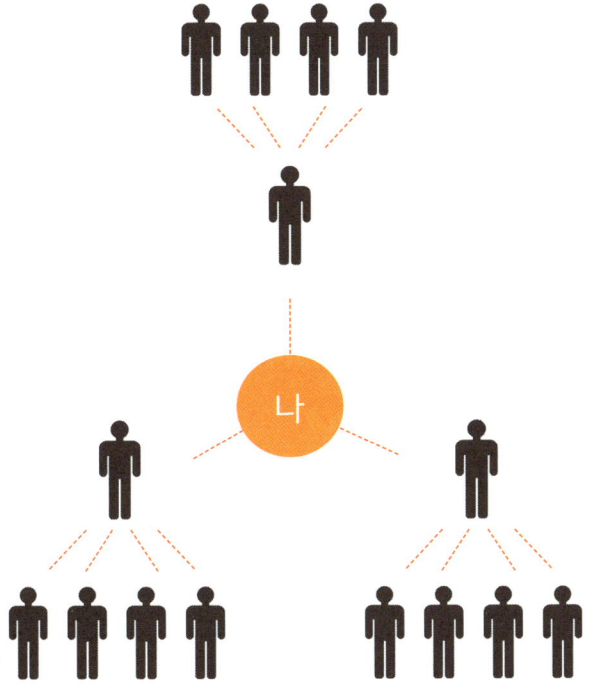

잘할 수 있다는 자신감 올리기
성취 프로그램으로 재취업의 벽을 뚫어라

    오랫동안 집에서 자녀 양육과 가사에 전념하던 주부가 집을 떠나 일을 다시 시작한다는 게 생각처럼 쉽지는 않다. 마음에 드는 직장을 찾을 수 있을지에 대한 걱정과 운 좋게 취업에 성공하더라도 그 일을 잘해낼 수 있을지 두려움이 앞설 것이다. 이럴 때는 고용노동부 고용센터에서 운영하는 성취 프로그램을 통해 자신감을 키워보자.

    성취 프로그램은 실직자라면 누구나 이용할 수 있다. 실업으로 인한 충격을 최소화하고 취업에 필요한 기술을 손쉽게 익힐 수 있게 하여 실직자의 성공적인 취업을 도와주는 집단 상담 프로그램이다. 다시 말해 구직자가 실직 기간 동안 경험하는 신체적·정신적 건강의 악화를 예방하고 강한 재취업 의욕을 불어넣어 성공적인 취업 가능성을 높여주며, 취업 정보 탐색 및 인성 교육을 통한 자기 개발 등 구직 활동에 필요한 다양한 기술을 향상시키고, 새 직장에 대한 경

제적·심리적 만족도를 증진시켜주는 프로그램이다.

성취 프로그램을 수료한다고 해서 취업이 보장되는 것은 아니지만, 재취업에 큰 도움이 된다는 것은 이미 입증된 사실이다. 아울러 수료 후에도 계속적인 취업 지원과 상담을 통해 도움을 받을 수 있다.

이 프로그램은 정부 용역 사업으로 서울대학교 심리과학연구소가 개발하였으며, 현재 참여자의 호응 및 만족도가 높은 프로그램으로 평가받고 있다. 성취 프로그램은 5일간 진행되는데, 내용을 좀 더 자세히 살펴보면 다음과 같다.

성취 프로그램 대상

학력·연령·성별에 무관하며, 취업을 하고자 하는 적극적인 의욕을 가지고 있는 모든 사람이 대상이다. 실업급여를 받고 있는 실직자도 참여할 수 있다. 이처럼 특별히 대상자를 한정하지는 않지만 아래와 같은 사람의 경우 더 큰 효과를 볼 수 있다.

- 6개월 이상의 장기 실직자 및 구직자
- 취업 의욕이 상실되어 구직에 자신감이 없는 사람
- 잦은 취업 알선에도 불구하고 면접에서 번번이 떨어지는 사람
- 구직 기술의 향상이 필요한 구직자(예 : 신규 구직자 등)

성취 프로그램 신청 절차 및 비용

프로그램 이용료는 전액 무료다. 게다가 식사와 다과도 무료로 제공된다. 지방노동관서 고용센터 및 인력은행에서 참가 신청을 한 후 성취 프로그램 운영팀으로부터 참가 일정을 통보받으면 지정된 날짜에 출석하면 된다. 구직자 12~15명이 한 팀으로 구성되어 5일간 매일 6시간(오전 9시~오후 4시)씩 프로그램이 진행된다. 따라서 5일간 꼭 참여할 수 있는 사람만 신청할 수 있다.

성취 프로그램의 내용

자신감을 상실하고 정신적 고통을 겪고 있는 구직자들로 하여금 상담 방식의 해결 과정을 통하여 문제해결 중심적 사고방식을 키

우고 자신감과 구직 동기를 회복하도록 하는 한편, 구직 기술을 교육하여 효율적으로 직업 탐색이 가능케 하는 내용들로 구성되어 있다. 일정별 진행 내용은 다음과 같다.

첫째 날

참가 구직자들과의 첫 대면을 통해 일주일 내내 지속될 사회적 지지 분위기를 조성하고, 프로그램의 교육 목표 설명, 생각 가다듬기, 구직자가 가져야 할 자세, 상식 넘어서기, 구인자 입장에서 생각해보기 등의 활동을 통해 긍정적인 사고를 갖도록 한다.

- 마음 거듭나기(생각을 바꾸면 세상이 달라진다.)
- 업무 능력과 기술의 재발견
- 나의 직업 적성은?

둘째 날

참가 구직자의 자신감을 본격적으로 키워준다. 구직자들은 자신이 보유한 능력·기술, 성격, 장점들을 체계적으로 파악하고 그것을 가장 효율적이고 구체적인 방식으로 표현해내는 것을 연습한다. 아울러 스스로 재취업하는 데 가장 큰 걸림돌이라고 생각하는 자신의 경력 및 개인적 약점들을 극복하는 방법들을 직접 연습한다.

- 발상의 전환(구인자 입장에서 일자리 구하기)

- 자신의 업무 능력과 기술을 설득력 있게 전달하기
- 단점을 장점으로 전환하기

| 셋째 날

개인적인 구직망을 구축하고 그것을 활용하는 방법을 익히고, 구직망을 통해 소개받은 사람과 접촉하는 방법을 실제 역할 연기를 통해 자신의 것으로 만든다. 아울러 바람직한 이력서와 자기소개서 작성에 대한 다양한 아이디어들을 공유한다. 구직 기술에 대한 자신감이 커지고, 집단 구성원들이 서로서로 협조 체계를 유지하게 되므로 구직에 대한 자신감이 높아진다.

- 구직 경로 및 방법 확대하기(일자리 정보를 효율적으로 얻는 방법)
- 사전 접촉을 통해 채용 기회 늘리기
- 성공적인 이력서 및 자기소개서 작성법

| 넷째 날

이력서와 자기소개서 검토하고 수정하기, 빈번히 나오는 면접 문항들에 대한 대처 방법과 면접 마무리를 효과적으로 하는 방법 등을 배움으로써 참가 구직자들의 자신감과 효능감이 더욱 높아지도록 한다.

- 구인자 입장에서 면접 준비하기

- 면접에서 까다로운 질문들에 효과적으로 대처하는 방법들
- 전체 면접 과정 연습

| 다섯째 날

5일 동안 연습한 모든 기술들을 종합적으로 다져보는 시간을 갖고, 완전한 면접을 연습해본다. 프로그램이 끝난 후에 일어날지도 모를 구직 걸림돌을 미리 예상하고 그것을 극복할 방법들을 체계적으로 계획하는 방법을 배운다. 아울러 참가 구직자들 간에 취업 동아리를 구성하고 이들이 이 프로그램에 대하여 느낀 점을 공유할 수 있도록 한다.

- 일자리 구하기 과정에서 부딪치는 걸림돌 극복 연습
- 서로 도와 다함께(취업 동아리 구성)

구직자 지원 제도 활용하기
정부 지원 프로그램으로 재취업에 터보 엔진을 달아라

재취업을 지원하는 정부 지원 프로그램들을 활용하면 보다 손쉽게 재취업에 성공할 수 있다. 그중 고용센터(www.work.go.kr)와 여성새로일하기센터(새일센터, saeil.mogef.go.kr)의 프로그램들이 매우 유용하다.

고용센터 활용하기

고용보험에는 구직자 지원 제도가 많은데, 여성과 관련된 프로그램도 다수 있다. 출산전후휴가급여, 육아휴직장려금(출산육아기 고용안정 지원금), 고용촉진지원금 등이 대표적이다. 특히 고용촉진지원금 중 하나인 여성가장채용장려금은 경력 단절 여성을 위한 맞춤형 취업 지원 프로그램이다.

고용촉진지원금은 여성가장, 장기실업자, 고령자 등 취업이 어려운 사람을 채용하는 기업에 고용보험에서 지원금을 지원하는 제도이다. 예를 들어 경력 단절된 여성이 고용노동부 장관이 지정한 경력 단절 여성 지원 센터(여성새로일하기센터)가 운영하는 직업 교육 훈련 프로그램을 이수하고 구직 등록을 한 후 구인 등록 기업에 취업하면 국가가 기업에 1년간 채용장려금을 지급한다(여성 가장의 경우 2년간 지원). 다시 말해 기업이 직원에게 지급하는 임금의 일부를 국가가 지원해주는 것이다. 기업은 채용장려금을 지급받으므로 인건비를 절감할 수 있고, 경력 단절 여성의 경우 이 제도를 통하면 다른 사람에 비해 비교적 쉽게 취업할 수 있으니 사업주와 구직자 모두에게 도움이 되는 제도다.

고용보험상 고용 촉진과 관련된 프로그램으로는 실직여성가장채용장려금, 장기실업자고용촉진장려금, 고령자신규고용촉진장려금이 있다.

| 실직여성가장채용장려금

고용센터와 같은 직업안정기관에 구직을 신청한 여성 가장 중 부양 가족이 있는 세대주 또는 사실상 가족 부양의 책임이 있는 사람을 새로이 고용한 사업주에게 일정 금액의 장려금을 지원하는 제도이다. 실직여성가장에 해당되는 경우는 다음과 같다.

- 남편의 사망으로 가족을 부양해야 하는 실직여성가장
- 이혼 후 가족을 부양해야 하는 실직여성가장
- 배우자가 심신 장애, 사고, 질병 등으로 노동 능력이 상실되어

가족을 부양해야 하는 실직여성가장
- 배우자가 부양 의무를 회피 또는 기피하여 가족을 부양해야 하는 실직여성가장
- 기타 이와 상응하여 인정되는 실직여성가장

| 장기실업자고용촉진장려금

6개월 이상 실업 상태에 있는 장기 실업자가 계속 증가 추세에 있어 장기실업자를 고용하는 사업주에게 장려금을 지원함으로써 장기실업자의 고용을 촉진하기 위한 제도이다. 여기서 대상이 되는 장기실업자는 피보험자였던 사람으로서 직업안정기관 등에 구직 신청 후 6개월을 초과하여 실업 상태에 있거나, 피보험자가 아니었던 사람이 직업안정기관 등에서 매 3개월마다 1회 이상의 알선을 받고도 6개월을 초과하여 실업 상태에 있는 사람을 말한다.

| 고령자신규고용촉진장려금

고령자에 대한 적절한 고용 촉진 지원과 직업 전환 기회 제공을 통해 이들의 고용 기회 확대와 인력난 완화 및 고령자의 복지 증진 도모를 위해 고령자를 신규 고용하는 사업주에게 장려금을 지원하는 제도이다. 55세 이상이면 혜택을 받을 수 있다.

위의 세 가지 지원금 가운데 어느 하나라도 해당이 되는 실직자는 가까운 고용센터에 가서 취업 상담을 받은 후에 구직 등록을 하

기 바란다. 상담 시 본인이 위의 지원금 수혜 대상에 해당되는지 확인한다. 고용센터에서는 위의 경우에 해당되는 실업자들의 취업 알선 및 지원의 효율화를 위해 관리대장을 따로 만들어 관리하며, 일반적 구직자보다 취업 알선 및 상담을 보다 세심하게 해준다.

실직여성가장, 장기실업자, 고령자 등으로 분류되어 구직 등록을 해놓고 일정 기간 기다리면, 관내 고용센터에 가입된 사업체를 중심으로 취업 알선이 이루어진다.

보조금이 지원되는 취업 알선의 경우 일반적인 취업 알선에 비해 좀 더 빠르게 취업에 성공할 가능성이 높다. 특정한 구인 업체를 중심으로 취업 알선이 이뤄지는 경우가 많다. 예를 들면 고령자의 경우 아파트경비, 실직여성가장의 경우 용역 업체 등에 취업하는 경우가 많다. 그 이유는 상당수 중소기업이 보조금 지원 대상이 되는 사람만 희망하는 경우가 많기 때문이다.

여성새로일하기센터 활용하기

여성가족부와 고용노동부가 공동으로 지정·운영하고 있는데, 육아·가사 등으로 경력이 단절된 여성을 대상으로 직업 상담, 구인·구직 관리, 직업 교육훈련, 인턴십, 취업 연계, 취업 후 사후 관리 등 종합적인 취업 지원 서비스를 제공하고 있다. 2016년 기준 150개소가 운영되고 있다.

여성새로일하기센터의 주요 사업 내용은 다음과 같다.

- 찾아가는 취업 지원 서비스 : 취업설계사의 경력 단절 여성 등에 대한 구직 상담, 구인 업체 발굴, 취업 알선, 취업 후 직장 적응 지원 등 관리
- 집단 상담 프로그램 운영 : 구직자의 취업 의욕 고취·구직 기술 향상 등 직업 진로 지도와 취업 알선 등 집단 상담 프로그램 운영
- 직업 교육훈련 : 경력 단절 여성의 직업 능력과 선호를 반영한 여성 취업 유망 직종과 기업의 수요를 반영한 기업 맞춤형 과정, IT·기술 등 전문 기술 과정 운영
- 인턴십 지원 : 장기간 직장으로부터 이탈된 경력 단절 여성이 취업 후 직장에 잘 적응할 수 있도록 인턴십 기회 제공(인턴 기간 3개월, 1인 총액 300만 원, 기업체 및 인턴에게 지원금 지급)
- 취업 연계 및 사후 관리 : 구인·구직자 취업 연계와 안정적 직장 생활 적응을 위해 취업자 및 채용 기업을 대상으로 한 사후 관리 지원

각 지역별 센터에서 다양한 일자리 정보를 제공하고, 여러 가지 취업 교육 프로그램을 실시하고 있다. 그중에는 국비 무료 프로그램도 많으니 자신에게 적합한 것을 잘 찾아보기 바란다. 지역별 여성새로일하기센터 목록은 이 책의 부록에 실어두었다.

자격증으로 취업의 문을 열어라
수많은 자격증 가운데 내게 맞는 자격증을 찾아라

　우리나라에는 수천 종에 달하는 국가자격증과 1만 종이 넘는 민간자격증이 있다. 학생은 물론 직장인, 구직자 등이 자격증을 취득하기 위하여 도서관, 학원, 직업훈련원, 집에서 열심히 수험 생활을 하고 있다. 다들 자격증에 대한 관심은 많지만, 자격 제도에 대해 잘못 이해하고 있거나 잘 모르는 사람이 많은 듯하다.
　사실 자격이란 용어는 학위, 자격증, 면허증, 직업 훈련 수료증 등의 유형(有形)의 증서부터, 인격이란 무형(無形)의 자격까지 모두 포괄하는 용어이다. 부부지간의 다툼에서도 자격이란 말이 심심치 않게 사용된다. '당신이 무슨 자격으로 그러느냐? 당신이 부모로서 자격이 있느냐?' 등이 대표적인 예이다. 그러다 보니 자격의 개념과 뜻이 정확히 사용되지 못하는 경우가 많다.
　흔히 면허증(license)과 자격증(certification)을 통칭하여 사용하는데, 엄격히 구분할 필요가 있다. 면허증이 특정한 일을 할 수 있는 공

식적인 자격을 행정기관이 허가한 것이라면, 자격증은 어떤 일을 하는 데 필요한 조건이나 능력을 갖추고 있음을 인정해주는 것이다. 면허가 필요한 분야에서 면허증이 없는 사람이 그 일(직무)을 수행하면 불법이지만, 자격증은 그렇지 않다.

참고로 국가자격 중에는 면허 발급과 직결된 것도 있고, 해당 자격증에 따른 면허증을 별도로 발급받아야 하는 경우도 있다. 예를 들어 한식조리사, 양식조리사, 일식조리사, 중식조리사, 복어조리사, 이용사, 미용사의 경우 면허증을 발급받아야 영업을 할 수 있다. 경력 단절 여성이 재취업을 하기 위해서는 면허증과 자격증을 잘 활용할 필요가 있다. 법적 구속력과 공신력은 면허증보다 떨어지지만 자격증도 취업에 도움이 된다.

| 우리나라 자격 체계 |

구분		취업 활용도	관련 법	자격 종류(예)
국가 자격	국가 전문자격	매우 높음	개별 법령 (개별 부처, 기관)	변호사(변호사법), 의사(의료법), 공인중개사(공인중개사법) 등
	국가 기술자격	높음	국가기술자격법 (고용노동부)	기술사, 기능장, 기사·산업기사, 기능사 등
	대표적 자격 정보망 : 큐넷(www.q-net.or.kr)			
민간 자격	공인 민간자격	보통	자격기본법 (교육부 외 14개 부처)	인터넷 정보검색사, TEPS 등
	등록 민간자격	낮음	자격기본법 (주무부장관)	학교폭력상담사, 동화구연지도사, 심리상담사, 독서지도사 등
	대표적 자격 정보망 : 민간자격정보서비스(www.pqi.or.kr)			

　　자격은 국가가 발급하는 국가자격과 민간에서 발급하는 민간자격으로 나뉜다. 그리고 국가자격은 다시 국가전문자격과 국가기술자격으로, 민간자격은 공인민간자격과 등록민간자격으로 구분된다.

　　국가전문자격은 개별 법령에 의해 시행되는데, 취득하기가 어려운 대신 취업 활용도가 대단히 높다. 변호사, 의사, 회계사처럼 고시 성격의 국가전문자격도 있지만, 보육교사, 영양사, 청소년상담사, 산림교육전문가 등과 같이 여성들이 많이 취득하는 국가전문자격도 있다(국가전문자격의 종류에 대해서는 이 책의 부록에 상세히 정리해두었으니 참고하기 바란다). 국가기술자격은 국가기술자격법에 의해 시행되는데, 흔히 말하는 자격증은 국가기술자격증을 의미한다. 원예기능사, 사무자동화산업기사, 정보처리기사 등의 자격증이 국가기술자격증이다.

민간자격은 국가 외에 개인, 법인, 단체 등의 민간에서 관리 운영하는데, 국가자격에 비해 취득하기는 쉽지만 고소득 직업과 연계된 전문직에서 활용되는 사례는 많지 않다. 교양적 성격의 자격이 많고, 아르바이트 성격에 부합하는 일자리나 교육과 연계된 자격이 많다. 주부들이 관심을 가지는 상당수 자격증이 민간자격이다.

민간자격 중 공인민간자격은 정부가 민간자격에 대한 신뢰를 확보하고 사회적 통용성을 높이기 위해 민간자격 등록관리 기관에 등록한 자격 중에서 우수한 자격을 자격정책심의회 심의를 거쳐 공인한 것이다. 한마디로 국가가 인증한 자격증이다.

그러므로 이왕이면 등록민간자격보다는 공인민간자격을 취득하는 것이 좋다. 간혹 등록민간자격을 공인민간자격이라고 속이거나 취업에 도움이 된다고 거짓 선전을 하는 단체나 학원 등이 있으니 각별히 유의해야 한다.

자격증 취득을 위한 공부를 하려면 반드시 큐넷(www.q-net.or.kr)과 민간자격 정보서비스(www.pqi.or.kr)에서 자격 관련 정보를 확인해 보기 바란다. 자격에 대한 다양한 정보를 파악할 수 있으니 자신에게 적합한 자격증이 어떤 것인지 잘 따져보자.

큐넷

한국산업인력공단은 자격 관련 정보를 인터넷을 통하여 쉽고 빠르게 제공하기 위해 자격 포털 사이트 '큐넷'을 2001년 6월 구축·개통하였다. 큐넷은 자격 취득에 관한 가장 많은 정보를 제공하고 있다. 국내 자격증과 관련하여 국가전문자격과 국가기술자격, 공인민간자격에 대한 정보를 제공한다. 민간에서 운영하는 자격 관련 사이트의 경우 영리 목적이 강해 신뢰할 수 없는 정보가 많으므로, 큐넷에서는 등록민간자격에 대한 정보는 제공하지 않는다.

큐넷에서 가장 상세한 정보를 제공하는 서비스 내용은 국가기술자격이다. 국가기술자격의 경우 기출문제, 시험 일정, 응시 과목, 응시 자격 등의 정보 외에도 자격 취득자 통계, 분야별 기술사, 기능사, 기사 등의 응시자수, 합격자수, 합격률 등의 연도별 자격 취득 현황까지 살펴볼 수 있다. 그러나 민간자격과 해외자격에 대해서는 제공되는 정보량 및 서비스 내용이 부족한 편이다.

민간자격 정보서비스

빠르게 변화하는 사회에서 '평생직장'의 개념은 점점 사라져가고, '평생직업인'으로 살아야 하는 신유목민이 늘고 있다. 과거 명문대학이라는 학벌이 취업과 소득을 보장해주던 시대는 점점 저물고 있다. 학벌과 같은 외적 조건이나 불필요한 스펙보다는 개인의 능력이 더욱 중요시되는 이른바 능력 중심 사회가 도래하고 있다.

국민 개개인의 능력 개발에 필요한 자격 정보 제공 및 민간자격 제도 등을 지원하기 위해 한국직업능력개발원에서 교육부로부터 위탁받아 민간자격관리운영센터를 운영하고 있다. 민간자격은 국민의 평생 직업 능력 개발을 촉진하여 능력 중심 사회 구현에 이바지하려는 데 도입 취지를 두고 있다.

민간자격증에 대해서는 '민간자격 정보서비스'란 키워드만 알고 있으면, 쉽게 그 궁금증을 해결할 수 있다. 민간자격 정보서비스 홈페이지에서 각종 민간자격별 시험 과목, 응시 자격, 등급 체계, 합격자 및 응시자 등의 현황을 살펴볼 수 있다.

| 일반적으로 많이 취득하는 민간자격 |

자격 종목	자격 등급	신청 기관명	공인 여부
CS Leaders(관리사)	없음	(사)한국정보평가협회	공인
e-TestProfessional	1~4급	(사)한국창의인성교육연구원	공인
ERP회계정보관리사	1급, 2급	한국생산성본부	공인
KBS한국어능력시험	1급, 2+급, 2-급, 3+급, 3-급, 4+급	kbs한국방송공사	공인
SMAT(서비스경영자격)	1급(컨설턴트), 2급(관리자), 3급(실무자)	한국생산성본부	공인
가구설계제도사	없음	대한상공회의소	공인
개인보험심사역	없음	(사)보험연수원	공인
국어능력인증시험	1급, 2급, 3급, 4급, 5급	한국언어문화연구원	공인
기업보험심사역	없음	(사)보험연수원	공인
농어촌개발컨설턴트	없음	한국농어촌공사	공인
데이터분석	전문가, 준전문가	(재)한국데이터진흥원	공인
병원행정사	없음	(사)대한병원행정관리자협회	공인
분재관리사	전문, 1급, 2급	(사)한국분재조합	공인
세무회계	1급, 2급, 3급	한국세무사회	공인
실천예절지도사	없음	(사)범국민예의생활실천운동본부	공인
원산지관리사	없음	국제원산지정보원	공인
외환전문역 Ⅰ·Ⅱ종	없음	(사)한국금융연수원	공인
자산관리사(FP)	없음	(사)한국금융연수원	공인
전산세무회계	전산세무1급, 2급 / 전산회계1급, 2급	한국세무사회	공인
점역교정사	1급, 2급, 3급	(사)한국시각장애인연합회	공인
조경수조성관리사	2급, 3급	(사)한국조경수협회	공인
주거복지사	단일 등급	(사)한국주거학회	공인
행정관리사	1급, 2급, 3급	(사)한국행정관리협회	공인
네트워크관리사	1급(등록), 2급(공인)	(사)한국정보통신자격협회	부분공인
데이터아키텍처	전문가(공인), 준전문가(등록)	(재)한국데이터베이스진흥원	부분공인
샵마스터	1급(등록), 3급(공인)	(사)한국직업연구진흥원	부분공인

실용수학자격	실용수학1~3급(공인), 실용수학준3급, 4급, 준4급, 실용수학Jr.1~6급	(사)한국창의인성교육연구원	부분공인
종이접기	마스터(공인), 지도사범, 사범, 초급	(사)한국종이접기협회	부분공인
CS전문강사	1급, 2급	(주)아바서비스커리어센터	등록
KPE한국어능력시험	1~6급	(주)와이비엠넷	등록
PR전문가	없음	(사)한국PR협회	등록
SAM(Smart App Maker)	1급	주식회사 미래교육평가원	등록
VisualMerchandising	없음	(사)한국직업연구진흥원	등록
가정의례지도사	없음	(사)한국예절아카데미	등록
개인신용평가사	1급, 2급	나이스평가정보(주)	등록
개인정보관리사(CPPG)	없음	(사)한국씨피오포럼	등록
건강보험사	없음	(사)대한병원행정관리자협회	등록
건강보험사무관리사	없음	(사)한국직능정보관리협회	등록
검색광고마케터	1급, 2급	(사)한국정보통신진흥협회	등록
국궁지도사자격	1급, 2급, 3급	(사)대한궁술협회	등록
기업회계	1급, 2급, 3급	한국세무사회	등록
댄스스포츠지도사	초급, 중급, 최고급	(사)대한댄스스포츠총연합회	등록
독서논술지도사	1급, 2급, 3급	(사)한국어문능력개발원	등록
독서지도사	단일등급	(사)한우리독서문화운동본부	등록
매경부동산자산관리사	Professional, Standard	(주)매일경제신문사, (사)한국부동산자산관리사협회	등록
모바일앱개발전문가	2급, 1급, 전문가	한국정보통신진흥협회	등록
무대분장사	2급	(사)한국분장예술인협회	등록
미술심리상담사	1급, 2급, 3급	(사) 한국미술심리치료협회	등록
바리스타	2급	(사)한국커피협회	등록
벨리댄스지도자	1급, 2급, 3급	(사)부경벨리댄스협회	등록
벨리댄스지도자	1급, 2급, 3급	(사)월드벨리댄스협회	등록
병원경영관리자	없음	대한치과경영관리협회	등록
병원코디네이터	없음	주식회사 한국교육진흥원	등록
보행지도사	없음	(사)한국시각장애인연합회	등록

보험심사관리사	1급, 2급	(재)한국간호교육평가원	등록
보험심사평가사	1급, 2급	(사)한국의료행정실무협회	등록
복지원예사	1급, 2급, 3급	(사)한국원예치료복지협회	등록
북아트	마스터, 1급, 지도사2급	(재)종이문화재단	등록
사회보험사	1급, 2급	사회보험사협회	등록
색채심리사	수련감독, 전문, 1급, 2급, 3급	한국아트앤테라피(ART & Therapy) 색채심리협회	등록
생활과학능력(SGQ)시험	Expert A, B, C	(사)한국정보과학진흥협회	등록
서비스강사	없음	주식회사 한국교육진흥원	등록
서비스매니저	없음	대한치과경영관리협회	등록
소믈리에	마스터소믈리에, 어드밴스드 소믈리에, 소믈리에	한국국제소믈리에협회	등록
쇼콜라티에	1급 디렉터, 1급 프리미에, 2급 시니어, 3급 주니어	쇼콜라티에코리아(주)	등록
쇼핑몰플래너	1급, 2급, 3급	국제정보능력평가원	등록
수화통역사	없음	(사)한국농아인협회	등록
승마지도사	단일등급	한국마사회	등록
실용무용벨리댄스지도자	2급, 3급	(사)대한벨리댄스협회	등록
심리분석상담사	1급, 2급	(사)대한청소년문화체육진흥원	등록
심리행동적응지도사	1급, 2급, 3급	(사)가족행복, (사)한국정서·행동장애아교육학회	등록
아동상담사	전문가, 1급, 2급	한국아동학회	등록
인성차문화예절지도사	1급(전문사범), 2급(지도사범), 3급(준사범)	(사)한국차문화협회	등록
어린이책스토리텔러	1급, 2급, 3급	한국동화구연지도사협회	등록
여행상품공인판매사	없음	지식경영서비스연구원	등록
예절	전문인1~3급, 소양인증4~9급	(재)한국실천예절문화원	등록
예절지도사	1급, 2급	(사)한국전례원	등록
우쿨렐레 음악강사	없음	(사)한국기타문예원	등록
웨딩플래너	1급, 2급, 3급	(사)한국웨딩플래너협회	등록
웰빙댄스지도사	1급, 2급, 3급	(사)대한댄스스포츠총연합회	등록

음향전문사	1급, 2급, 3급	한국음향학회	등록
의료서비스코디네이터	없음	(사)한국직능정보관리협회	등록
이러닝 품질관리사	없음	한국교육학술정보원	등록
이미지컨설턴트	1급, 2급, 3급	(사)이미지컨설턴트 협회	등록
인재파견지도사	단일등급	아웃소싱타임스	등록
인지행동지도사	전문가, 1급, 2급	한국인지행동심리학회 협동조합	등록
인지활동지도사	1급, 2급	(사)한국안전진흥협회	등록
인테리어공사	없음	(사)한국인테리어경영자협회	등록
임상미술사	전문가, 1급, 2급	(사)대한임상미술협회	등록
임상음악전문가	1급, 2급, 준2급	(사)한국음악치료학회	등록
임업기계조종사	우드그랩, 가선집재, 트랙터집재	산림조합중앙회임업기계훈련원	등록
전통예절지도사	없음	도산서원선비문화수련원	등록
천연염색지도사	1급, 2급, 3급	(재)나주시천연염색문화재단	등록
청능사	청능사, 준청능사, 전문청능사	(주)청능사자격검정원	등록
캘리그라피	1급, 2급, 3급	(사)한국캘리그라피디자인센터	등록
커피바리스타	2급	(사)한국능력교육개발원	등록
컴퓨터 패션디자인 운용 검정	지도사, 마스터	(사)한국직업연구진흥원	등록
태글리쉬지도사	1급, 2급, 3급	(주)태글리쉬태권도로배우는영어회화	등록
택견지도사	1급, 2급, 3급	(재)세계택견본부	등록
통신판매사	이동통신	한국정보통신진흥협회	등록
패션스타일리스트	없음	(사)한국직업연구진흥원	등록
편물기술자격	2급	(사)한국손뜨개협회	등록
푸드코디네이터	지도자, 1급, 2급	한국식공간학회	등록
푸드코디네이터	지도자, 1급, 2급, 3급	(사)세계음식문화연구원	등록
플라스틱사출성형기술자격	1급, 2급, 3급	(주)우진플라임	등록
학교폭력상담사	없음	(재)청소년폭력예방재단	등록
학교폭력예방교육사	없음	(재)청소년폭력예방재단	등록
홍차티마스터	1급, 2급	(사)국제티클럽	등록

직업 훈련비에 장려금까지 준다고?
나의 취업 목적에 맞는 직업 훈련을 받아라

직업 훈련이 필요하다면 고용노동부 산하 한국고용정보원에서 운영하는 훈련 정보 포털인 HRD-Net(www.hrd.go.kr)을 이용해보자. HRD-Net은 실업자, 재직자, 미취업자들의 직업 훈련 과정을 소개하는 정보 서비스이다. 훈련 과정의 명칭, 훈련 기관 관련 정보, 훈련 모집 정원, 훈련 기관 연락처, 각종 자격 정보, 고용보험 적용 여부 등 다양한 정보를 알 수 있다. 이와 아울러 정부 위탁 훈련, 자활 직업 훈련, 창업 훈련, 취업 유망 분야 훈련 등에 관한 정보도 제공하고 있다.

일자리를 구할 때 주로 이용하는 '사람인'이나 '잡코리아' 등의 민간 정보 서비스는 대학생이나 고학력 경력자를 위한 직업 정보가 많다. 반면 HRD-Net에는 준전문직이나 경력 단절 여성에게 필요한 정보가 많으니 잘 활용해보기 바란다. 로그인을 하지 않아도 대부분의 정보를 검색하거나 열람할 수 있다는 것도 장점이다. 아울러 국가에서 운영하는 정보 서비스이므로 신뢰성이 높고, 모든 정보는 무료

로 제공된다. 실업자를 대상으로 하는 지원 훈련으로는 내일배움카드제(직업능력개발계좌제)와 국가기간·전략산업직종 훈련이 있다.

내일배움카드제는 취업이나 창업을 위해 훈련이 필요한 실업자, 영세 자영업자 등에게 내일배움카드를 발급하고, 1년간 훈련비의 일부 또는 전액을 지원해주는 제도다. 훈련에 성실히 참여할 경우 훈련장려금(최대 116,000원)도 지원해준다. 1인당 계좌 한도는 200만 원이고, 유효 기간은 내일배움카드 발급일로부터 1년이다. 이 혜택을 누리려면 우선 워크넷에 구직 신청을 한 다음 고용센터를 방문해 계좌를 발급하고 내일배움카드를 수령해야 한다. 이후 훈련 기관을 방문하여 수강 신청을 하고 내일배움카드로 훈련비를 결제하면 된다. 훈련 종료 후 HRD-Net에 30일까지 수강평을 입력하지 않으면 훈련장려금이 지급되지 않으니 반드시 수강평을 입력하기 바란다.

국가기간·전략산업직종 훈련은 국가기간산업이나 국가전략산업 중 인력이 부족한 직종을 지원하기 위해 기능 인력 및 전문·기술 인력을 양성하는 훈련이다. 구직 등록을 한 15세 이상의 실업자면 신청할 수 있다. 참고로 대학에 진학하지 않는 고등학교 3학년 재학생이나 대학원에 진학하지 않는 대학(전문대학 포함) 최종 학년 재학생도 훈련을 받을 수 있다. 웹전문가, 전산회계/세무, 앱 콘텐츠 제작 전문가 등의 훈련 과정이 있는데, 훈련 비용 전액을 지원해준다. 대상자에 따라 훈련장려금(최대 316,000원, 취업 성공 패키지에 참여하면 10만 원 추가)도 받을 수 있다.

훈련비 지원 혜택을 받을 수 있는 훈련 과정은 일일이 언급할 수 없을 만큼 다양하다. 그중에서 30~50대 여성이 할 만한 것들을 아래 표에 정리하였다(지원 가능한 훈련 과정은 수시로 변하니 홈페이지를 참조하자). HRD-Net 홈페이지 훈련 정보(구직자 지원 정보)에 훈련 과정명을 입력하면 훈련 기관명, 훈련 기간, 자기부담액 등을 확인할 수 있다.

| 3050 여성을 위한 직업 훈련 과정 |

NCS란 'National Competency Standards'의 약자로 국가직무능력표준이란 의미이다. 산업 현장에서 직무를 수행하기 위해 요구되는 지식, 기술, 태도 등의 내용을 국가가 체계화한 것이다.

대분류	NCS직종명	훈련 과정명
건설	건축목공 시공	• 한옥(대목수) • 실내건축시공실무 • 건축목공양성과정 • 신한옥 건축목공 • 실내건축 • 친환경주택시공 • 건축목공&실내디자인 • 건축시공(건축목공) • 경량목조주택시공&실무 • 실내건축신규직자 • 인테리어현장실무 • 목조건축시공 • 건축목공기능사(소목수) • 건축목공과 수가구제작 • 실내건축계획&시공 • 건축목공시공신규직자 • 인테리어시공실무 • 경량목조주택시공 • 건축목공인테리어
	실내건축 설계	• 건축리모델링 • 인테리어/제품, 공간설계(CAD), 3D프린터 활용 모델링제작(3DMAX)실무 • 실내건축설계디자인 • 컴퓨터응용설계(실내건축취업반) • 실내건축디자인 • 환경디자인 • 실내건축설계와 생활가구 DIY • 실내건축인테리어 • 인테리어실무 • 취업을 위한 실내건축디자인(CAD, MAX)실무 • 실내건축 • 인테리어디자인 • NCS를 활용한 실내건축디자인(CAD, MAX)실무

	조경관리	•조경관리 •조경(산림&정원) 시공관리 •그린조경시공설계관리 •조경기능사 •조경과 농업 생물학실무 •조경관리구직자(3&6개월) •조경관리기능 •조경관리 및 설계 •조경관리실무자 •조경기술자 •조경관리Ⅱ구직자 •조경관리기술자(350&540시간) •조경관리사 •조경관리시공전문가 •조경설계시공 및 관리 •조경관리자 •조경과 환경생태복원 •조경관리임업실무 •조경관리실무 •조경시공관리(초급&중급) •조경유지관리양성과정
경비·청소	수선	•의류수선 실무자양성 •수선신규구직자 양성 •실무의류수선 및 패턴봉제 •의류수선 취·창업 •수선실무 취·창업 과정
경영·회계·세무	세무	•회계기초 •전산회계1급(FAT포함) •전산회계 •ERP정보관리사(회계&인사) •ERP정보 관리사 •전산세무회계실무취업반 •세무회계 실무자양성 •세무업무 •전산세무회계 실무자양성 •AT(더존) •전산세무회계전문가 •전산세무1급 •전산세무2급 •회계/세무사무직 •중소기업경리실무 •기업이 요구하는 전산세무회계실무Ⅱ·Ⅳ
	회계·감사	•스포츠재무(회계)관리 •전산세무회계전문가 •회계 •총무사무원실무 •전산세무2급 •회계기초 및 전산회계1급 •회계(전산세무회계 및 사무)실무 •ERP정보관리사 •NCS를 활용한 전산세무회계전문가 •경리회계기초에서 실무까지 •경리회계사무 •경리실무자양성과정(전산세무회계종합반) •경리전산세무회계 •기업경리회계실무 •세무회계경리사무원양성 •전산회계&ERP정보 관리사 •인사세무관리 전문가 •전산세무회계1급 •전산세무회계실무사무원 •아파트경리회계 •전산회계사무원 •전산회계실무자 •회계사무원양성 •회계세무구직자과정
문화·예술·디자인·방송	방송콘텐츠제작	•디지털영상제작 •방송영상편집&모션 예능 •방송기술 감독 양성 •방송영상제작 •방송카메라감독양성 •다큐/교양프로그램제작디렉터과정 •VJ제작 •디지털영상콘텐츠제작
	스마트 문화 앱 콘텐츠 기획	•스마트 웹&콘텐츠개발
	애니메이션 콘텐츠 제작	•3D애니메이션 •3D게임그래픽(애니메이션) •3D캐릭터애니메이터양성과정
	영상그래픽	•3D영상특수효과 •3D영상제작과 영상모션 그래픽 •3D영상특수효과와 영상모션 그래픽 •3D영상모션 그래픽 •방송영화3D애니메이션취업 •광고영상 컨텐츠 제작 •모션그래퍼 양성 •마야(MAYA)VFX영상그래픽(게임&영화)실무양성 •3D영상디자인제작

	시각 디자인	•시각디자이너를 위한 실무 •환경(실내건축)디자인 실무과정 •디지털 웹디자인(웹표준&웹접근성)실무 •시각디자인 •시각(광고&편집)디자인과정 •시각(광고&편집)디자인취업 •창의적 광고 디자인 취업자 •시각디자이너양성 •광고디자이너취업전문가 •시각광고디자인취업 •디자인, 광고편집출판디자인 •구직OK!웹 시뮬레이션 감성 •시각(광고편집출판)디자인 •시각(광고&편집)디자인실무 •시각(편집&e-Book)디자인실무 •디스플레이디자이너양성 •비주얼광고디자인 •시각(옥외광고)편집 디자인실무 •스마트시각디자인 •디지털(UI&UX를 활용한 모바일 웹)디자인실무 •광고디자인 •실용컨셉을 통한 비주얼 디자인제작 •시각디자인-디지털편집출판전문가양성 •시각(편집&웹)디자인 •시각디자인(E-BOOK)실무자 •시각디자인전문가양성 •디지털시각디자인
	제품 디자인	•제품디자인설계(3D프린팅) •3D프린팅융합제품디자인 •3D프린터를 활용한 제품 모델링 및 모형제작 •제품디자인설계 •3D프린터를 활용한 시제품설계 및 모델링과정 •3D프린팅기반의 제품 디자인을 위한 캐드원 양성 •컴퓨터응용설계 •3D프린팅 가공을 활용한 제품 응용모델링 •제품디자인실무 •3D프린팅제품디자이너양성 •에코 서비스 디자인 실무 •제품디자이너전문가양성 •제품디자인구직자양성 •3D프린터를 이용한 제품 디자인 •제품설계모델링&모형제작
	환경 디자인	•3D에코설계디자인 •에코실내건축인테리어(캐드, 3D-MAX) •환경디자인(실내건축/인테리어)디자인실무 •에코디자인 •공간 환경 디자인 전문가 •실내건축디자인 취업과정 •실내 환경 디자인 •AUTOCAD를 이용한 환경설계 디자이너양성 •인테리어 디자인과정(종합) •친환경설계 디자이너 •환경디자인 전문가양성
보건·의료	병원 안내	•국제의료관광통역 •병원코디네이터 •국제의료관광통역실무자양성 •병원서비스매니저 •의료통역실무자 •국제의료관광코디네이터(중국어) •병원서비스관리 양성 •병원서비스 코디네이터 전문가(실업자)
섬유·의복	패션 디자인	•IT스마트패션 Accessory디자인 •기업맞춤형 패션의류 제작실무 •다이마루(편성물)캐주얼의류디자인 •디지털스마트패션디자인 스마트 패션디자이너양성 •패션의류디자인과 패턴 •패션디자인취업 •패션디자인실무전문가 •패션디자인실무 •패션디자인마스터 •패션디자인과 의복제작 •패션디자인 I·II •패션디자인스타일리스트 •패션디자인 및 패턴제작실무 •패션디자인 •패션디자이너양성 •트렌드패턴의류제작 •테크니컬패션디자인 •캐포츠패션 디자인 •업사이클링 패션디자인 •스마트패션 제품기획 •스마트패션디자인실무 •스마트의류디자인 •스마트패션디자인1기/2기

	패턴	•패션디자인 •다이마루(편성물)캐주얼의류디자인 •디지털스마트의류디자인 •모델리스트양성 •패션CAD모델리스트테크닉 •업사이클링 패션디자인 •옷 수선 리폼 •입체패턴과 패션제작실무 •유니폼전문제작을 위한 패션디자이너 양성 •의류디자인실무 •패션아이템별 의류제작과 스타일링연출과정패션(패턴&의류수선리폼) •패션(패턴&의류제작) •실무패턴봉제 •패션디자인(패턴) •패션디자인과 봉제실무 •패션디자인취업과정 •패션메이킹 •패션패턴제작실무 •패턴실무전문가과정 •패턴메이킹 •패턴봉제실무/양성
	한복 생산	•패션한복/장기 •한복제작/장기
식품 가공	제과	•제과제빵 기능사 양성과정 •제과 전문 파티쉐 양성과정
	제빵	•파티셰&바리스타양성 •제과제빵구직자양성 •제과제빵바리스타 구직자 양성 •디저트카페 실무자양성 •제과제빵프렌치과정 •제과제빵마스터과정 •베이커리신규구직자양성 •제과제빵 전문 인력양성 •제과제빵실무마스터과정
음식 서비스	바리스타	•바리스타양성종합 •커피 바리스타&브런치 쉐프 양성 •전문바리스타양성 •카페바리스타양성과정(커피, 제과, 식음료) •베이커리카페실무자양성 •제과제빵 •케익파티쉐&커피 바리스타 양성과정 •커피바리스타마스터양성 •전문 바리스타 양성과 카페창업 과정 •커피&제과제빵, 바리스타&식음료전문가양성 •커피&베이커리실무자양성
	한식 조리	•글로벌 조리 실무자양성 •글로벌 외식 조리사양성 •호텔조리 •호텔조리사양성 •한·양식조리 구직자양성 •한식·양식 신규구직자양성 •한식양식중식일식조리 •한식/양식/중식조리기능사양성종합과정 •푸드 마스터쉐프 양성 •조리전문인양성 •조리실전전문가양성 •조리마스터 •정부위탁호텔조리과 •전문조리인양성 •전문 조리사양성 •전문 호텔관광조리쉐프 양성 •외식조리사양성 •외식조리 마스터쉐프 전문가 •외식조리(한식, 양식, 중식, 일식) •슈퍼푸드를 이용한 푸드스타일리스트 양성 •마스터 영쉐프 양성 •동/서양음식조리실무 •급식조리사신규양성과정(한식, 양식, 중식)
이용· 숙박· 여행· 오락· 스포츠	네일미용	•네일 미용과정 •네일 미용사 양성 •네일 미용전문가 양성 •네일 미용취업 대비반 •네일 아티스트 기초과정 •네일아트취업실무과정 •네일구직자양성 •NCS를 활용한 네일아트 자격증과 실무 •네일 미용 자격증 •미용사(네일)양성 •네일 신규구직자양성 •네일 미용 구직자 양성
	메이크업	•메이크업아티스트 양성 •메이크업 신규구직자양성 •메이크업 실무자과정

	헤어미용	•헤어디자이너실무 •헤어미용종합 •기능사과정미용사(일반) •헤어커트드라이구직자과정(커트, 드라이, 펌 등) •헤어미용취업대비반 •헤어미용 실무취업과정 •헤어미용실무자양성 •헤어미용실무구직자양성(커트, 펌, 드라이, 메이크업, 웨이브, 컬러, 샴푸) •헤어미용사자격이수과정 •헤어미용기초반 •헤어미용구직자반 •헤어미용신규구직자양성 •헤어디자인양성 •헤어디자인창업실무과정 •헤어&네일 실무사 •헤어디자이너양성 •초급헤어미용사양성 •초급미용사양성 •중급헤어미용사양성 •과정 평가형 미용사(일반) •뷰티아트과정, 뷰티헤어특별과정 •뷰티실무양성과정(헤어&네일) •뷰티미용 전문과정 •미용헤어전문가 •미용종합실무 •미용사(헤어)양성 •미용사(헤어)실무반 •미용사(일반)양성 •미용사(일반)과정평가형 •미용사(일반)기초실무 •미용사(일반)기능사 •미용사구직자양성 •미용(헤어미용, 메이크업, 네일)
	피부미용	•피부미용구직자양성 •NCS를 활용한 피부미용 자격증과 실무 •미용사(피부)기초실무 •미용사(피부)구직자양성 •피부미용실무자과정 •피부 및 네일 미용사 양성 •피부미용 구직자 양성 •피부미용 관리사 양성 •피부미용 전문가 양성 •피부미용초급양성 •피부미용자격증
	여행상품 개발	•한식 세계화를 위한 관광마케팅 실무 •관광마케팅 실무양성 •국제관광뷰티 마케터 •여행상품개발 구직자 •국제 관광마케팅 실무자 •국제관광마케팅
인쇄·목재·가구·공예	단위 화훼 장식	•플로리스트구직자양성 •플로리스트반
	편집 디자인	•광고편집디자인 •디지털퍼블리싱디자인(편집, 시각&e-book)-900 •인쇄출판편집디자인[디지털퍼블리싱] •e-book편집디자인 •NCS를 활용한 출판편집디자인 •편집디자인(시각디자인)전문가 •디지털(시각/광고편집디자인)전자출판전문가 •디지털퍼블리싱 •인쇄매체기반 출판편집디자인 •출판편집디자인 •인쇄출판편집디자인1 •전자출판(e-book) •전자출판(편집디자인&e-book) 디자인 실무과정 •출판편집디자인(인디자인, e-book)

알바는 취업을 위한 밑거름이다
경력에 도움이 될 만한 일자리를 찾아라

　　최근 전 세계 주요 국가들이 소비를 진작하고, 근로자 간의 임금 격차를 완화해 양질의 일자리를 만들기 위해서 노력하고 있다. 그 일환으로 최저임금을 인상하고 있다. 우리 정부 또한 예외는 아니다. 물론 최저임금이 넉넉하진 않지만 이 추이는 당분간 지속될 듯하다. 최저임금은 정규직 일자리보다 비정규직 일자리, 소위 말하는 알바비와 관련된다. 참고로 2017년 최저 시급은 6,470원이다.

　　아르바이트를 하더라도 적당히 시간을 때울 수 있는 일자리보다는 진로와 경력에 도움이 될 만한 일자리를 찾아보기 바란다. 아르바이트가 장차 좋은 직장을 구하는 밑거름이 될 수 있다. 좋은 아르바이트 자리를 구하기 위해서는 다음 다섯 가지를 지켜야 한다.

- 가급적 진로와 연관된 아르바이트를 하라. 기업은 아무런 사회 경험, 실무 경험이 없는 사람을 반기지 않는다. 자신이 원

하는 직업과 관련된 일을 하면 해당 직업에 대해 구체적으로 알 수 있고, 취업 준비에도 상당히 도움이 된다.

- 인터넷, 정보지 등의 정보 유통망을 잘 활용하라.
- 구인 사이트에 자주 올라오는 일자리는 피하라. 그런 일자리는 그만큼 실속이 없을 가능성이 많다.
- 전화, 홈페이지 등을 통해 사전에 확인하고 방문하라. 해당 회사가 어떤 곳인지, 어떤 일을 하는지 등을 충분히 파악하자.
- 인맥을 총동원하라. 여기는 한국 사회다. 인맥을 활용해 일자리를 얻는 것이 위험성도 적고 얻는 것도 많다.

다음은 아르바이트 정보를 전문적으로 제공하는 사이트이다. 전 직종을 망라하여 일자리를 소개하는 곳도 있고, 특정 직종에 관한 일자리를 소개하는 곳도 있으니 필요에 따라 참조하기 바란다.

알바천국	알바의 상식 albamon	Incruit 알바
www.alba.co.kr	www.albamon.com	alba.incruit.com
Albanara	벼룩시장 구인구직	교차로 잡
www.albawiz.com	job.findall.co.kr	www.kcrjob.co.kr
ALBA JOB	Hotel Friends 호텔 프렌즈	HAIRAD
www.albarangjob.com	www.hotelfriends.co.kr	www.hairad.co.kr
과외 코리아 Study4you.co.kr	푸드앤잡	쿡파인드잡 CookFindjob
www.study4you.co.kr	www.foodnjob.com	www.cookfindjob.co.kr

이력서는 삶의 발자취다
사소한 이력이라도 회사와 관련된 것은 꼭 적어라

필자가 20대 시절만 해도 다들 자필 이력서를 냈다. 워드프로세서가 널리 보급되지 않아 문서 기록 및 작성에 있어서 글씨가 중요했으므로 자필 이력서를 요구했던 것이다. 내가 쓴 글씨도 알아보지 못하는 악필 가운데 악필인 필자에게 자필 이력서는 큰 부담이 아닐 수 없었다.

하지만 이력서를 쓰다 보면 그동안 살아온 삶이 반성되었다. 고작 한 장짜리 이력서에 왜 그리 쓸 내용이 없던지, 빼곡하게 채운 다른 사람의 이력서를 보며 부러워했다. 입사를 한 후에도 연말이면 이력서를 수정하였다. 한 해 동안 변화된 내용을 정리하며 반성도 하고, 다음 해 계획과 목표도 세웠다. 일 년 후에 이뤄내고 싶은 목표를 미리 써두는 것이었다. 그리고 그다음 해에 다시 수정하면서 이룬 것과 이루지 못한 것을 정리하곤 했다.

이력서는 내 삶의 발자취이자 성취한 목표들을 기록한 인생의 명함이다. 어쩌면 삶이란 한 편의 이력서를 작성하는 과정이 아닐까. 괴테는 인생에 대해 이런 말을 남겼다. "인생에서 가장 중요한 것은 삶 그 자체다. 절대로 결과가 아니다." 참고로 자기소개서는 과정을 적는 것이고, 이력서는 결과를 적는 것이다. 이름, 주소, 연락처, 전공 내용, 학력 사항, 경력 사항, 지원 분야, 취득한 자격증이나 면허증, 상장이나 훈장, 학점 등 결과물의 명칭과 일시, 기간 등을 적는다. 자기소개서처럼 그 과정을 서술할 필요가 없다.

이력서는 회사의 인사 담당자에게 본인보다 먼저 선보이는 최초의 얼굴이므로 기본 양식에 따라 정성껏 작성해야 한다. 또한 면접 시 이력서 내용을 바탕으로 질문하는 경우가 많으므로 대답을 예상하면서 작성하는 것이 좋다.

따라서 충분한 시간적 여유를 가지고 차분하게 작성해야 내용도 충실하고 실수도 적다. 가능하면 여러 통의 이력서를 미리 작성해 놓고 필요할 때마다 해당 회사에 적당한 것을 골라 사용하는 것이 좋다. 증명사진을 비롯해 졸업증명서, 성적증명서, 자격증 사본과 같은 기본적인 제출 서류는 미리 스캔을 해서 파일로 만들어두자. 요즘은 입사 서류를 이메일로 제출하는 곳도 많다.

다음은 이력서 작성 시 유의사항이다.

응시 부문 및 연락처 등을 꼼꼼히 확인

지원 부서가 명확한지, 직접 연락이 가능한 전화번호와 휴대전화 번호를 정확히 적었는지 다시 한 번 확인하라.

자기 홍보는 확실히, 그리고 솔직하게

너무 지나쳐도, 너무 겸손해도 안 된다. 특히 면허증이나 자격증이 있다면 반드시 기록하고, 자신의 능력이나 장점을 돋보이게 작성한다. 이때 공인된 주요 자격증을 기입하는 것이 좋다. 하지만 비공인(등록)일지라도 회사 업무와 관련 있는 자격증이라면 기입하는 게 유리하다. 취득일과 발급 기관도 꼭 표시해야 한다.

지원 분야와 관련 있는 주요 경력은 빠뜨림 없이

경력자의 경우에는 경력이 가장 중요한 이력이 되므로 자세히 기재한다. 경력이 너무 많을 경우에는 짧은 기간의 경력이나 지원하는 회사와 전혀 상관 없는 경력은 생략한다. 신입이나 경력이 짧은 경우에는 아르바이트 경험도 기재할 수 있다. 이때는 지원하는 회사의 업종이나 지원 업무와 관련이 있는 것만 기재한다. 만약 내세울 경력이 없다면 사소한 것이라도 적는 게 안 적는 것보다 낫다.

다시 한 번 마무리 점검

사람이 하는 일이라 분명히 실수가 있게 마련이다. 논문 제목의 오·탈자 때문에 심사에서 탈락하는 사람도 있다. 오·탈자가 없는지, 증빙 서류가 훼손되지는 않았는지 다시 한 번 확인하자.

화장을 하듯 자기소개서를 치장하라
나를 뽑고 싶은 마음이 들 만한 무언가를 담아야 한다

여성들은 왜 화장을 할까? 사실 화장은 자신을 정확히 표현하는 수단이 아니다. 자신의 얼굴 가운데 드러내고 싶은 부분은 강조하여 드러내고, 감추고 싶은 부분은 감추는 수단이다. 다시 말해 자신의 부족한 부분이 잘 드러나지 않도록 하여, 목적에 맞게 자신을 치장하는 것이다. 그러므로 면접을 보러 갈 때 화장법과 여름휴가를 떠날 때 화장법은 달라야 한다. 화장의 목적이 다르기 때문이다.

면접에 적합한 화장을 하듯, 자기소개서를 쓸 때도 이에 어울리는 치장을 해야 한다. 인사 담당자들이 이력서나 자기소개서 한 통을 보는 데 걸리는 시간은 채 1분도 안 걸린다. 수십 군데 회사에 서류를 넣고도 면접을 보자는 연락이 오는 곳은 한두 군데에 불과하다는 사람들이 많다. 이유가 뭘까? 다른 지원자들과 스펙이 비슷한데도 이런 일이 생긴다면, 자신을 포장하는 기술이 잘못된 것일 수도 있다.

프랑스의 작가이자 철학자인 볼테르는 미인의 기준과 관련해

서 의미 있는 말을 남겼다. "두꺼비에게 미모에 대한 정의를 물었다고 하자. 귀 밑까지 찢어진 긴 입 하며, 툭 튀어나온 두 눈, 뒤뚱거리는 배를 가리킬 것이다." 이 말은 수많은 서적과 언론 기사, 블로그 및 인터넷 카페 등에서 제시하는 천편일률적인 이력서 및 자기소개서 작성법에 대해 시원하게 한 방 펀치를 날리는 비유이다.

    수많은 서적과 전문가들은 취업 가능성을 높일 수 있는 작성 비법이나 정답이 존재하는 것처럼 이야기한다. 하지만 이는 상업주의의 한 단면일 뿐이다. 〈쿵푸 팬더〉에서 용의 전사가 되는 비법이 없듯이, 누구에게나 또 어느 기업에나 통하는 비법은 없다. 다만 일반적으로 잘 통하는 '비교적 사람들이 좋아하는 형식'이 있을 뿐이다. 다시 말해 모범 답안은 있어도 정답은 없다.

    그럼 자기소개서에는 어떤 내용이 들어가야 할까? 자기소개서를 자신과 관련한 이야기를 적는 것이라 오해하는 사람들이 종종 있다. 자기소개서는 그동안 자신이 살아온 삶을 요약하여 표현하는 것이 아니라, 지금까지 살아온 자신의 삶과 지원한 회사와의 관련성을 서술하는 것이다.

이런 관점에서 자기소개서에는 대개 다음과 같은 내용이 들어가야 한다.

- 성장 과정 : 지원 업무, 회사에 맞게 성장 과정을 작성하고, 가족 사항과 개인의 인생 가치관 등을 제시
- 성격 소개 : 성격상의 장단점을 기술하되, 지원한 업무와 관련하여 성격상의 장점을 강조
- 학창 시절 및 경력 사항 : 지원한 업무와 관련된 학창 시절 학습 내용, 동아리 활동 등 주요 경험 및 활동, 기타 특이사항 등을 작성
- 지원 동기 및 입사 후 포부 : 지원 직종 및 회사의 최근 동향을 파악한 후에 지원 동기 작성, 회사에 본인이 무엇을 기여할 수 있는지를 기술하고 근거 제시

자기소개서는 특정 기업에 입사하기 위해 작성하는 일정한 의도를 가진 글이다. 따라서 자신이 지원한 회사에 자신이 적합한 사람이라는 것을 명확히 나타낼 수 있어야 한다. 다시 말해 인사 담당자가 자기소개서를 봤을 때 뽑고 싶은 마음이 들 만한 무언가를 발견

할 수 있는 글이어야 한다.

'철강왕'으로 유명한 미국의 앤드류 카네기는 "내가 유용한 인재라고 생각하는 자신감만큼 그 사람에게 유익한 것은 없다."라고 말했다. 자만심은 독이 되지만, 자신감은 약이 된다. 그러니 자신감을 가지고 자신이 지원한 회사에 꼭 필요한 인재라는 점을 논리적으로 설득력 있게 표현하자.

자기소개서를 통해 기업은 지원자의 지원 동기, 장래성, 성장 배경, 인생관, 성격, 문서 작성 능력을 알 수 있고, 또 면접을 위한 기초 자료 등으로 활용할 수 있다.

그렇다면 지원하는 회사가 필요로 하는 사람이라는 것을 어떻게 하면 잘 표현할 수 있을까? 어떻게 하면 수많은 응시자의 자기소개서 가운데 눈에 잘 띄게 할 수 있을까?

다음 여덟 가지를 염두에 두고 작성하면 도움이 될 것이다.

내용은 참신하게, 문체는 간결하고 명료하게

자기소개서에 들어가는 내용은 성장 과정, 성격, 특별한 능력, 생활 신조, 지원 동기, 장래 희망이나 포부 등인데, 여기서 가장 중요한 것은 지원 동기다. '왜 이 회사에 들어가려고 하는지', '왜 이 직종을 택했는지'에 대한 이유를 적고, 그렇게 하기 위해 그동안 얼마나 노력을 기울였는지 밝히고, 또 입사 후 어떻게 하고 싶다는 내용까지 일관성 있게 기술하는 것이 좋다. 이때 문맥은 간결하고 상호 모순이 없도록 논리적으로 작성해야 한다.

사례를 제시하여 내용의 전달성과 신뢰도를 높이자

뉴스나 기사, 책, 발표문 등에는 모두 사례가 언급되어 있다. 왜일까? 사례를 넣으면 내용을 쉽게 전달하면서 사람들의 흥미를 유발할 수 있기 때문이다. 자기소개서에서 사례를 소개하면 내용을 파악하기가 쉬우며, 자기 주장의 근거가 되기 때문에 신뢰성이 높아진다.

결과보다는 과정을 중심으로 서술하기

면접관들은 어떤 일에 대한 결과보다는 결과를 낳기 위해 지원자가 어떤 해결 과정을 거쳤는지를 궁금해한다. 이때 결과가 반드시 좋아야 하는 것은 아니다. 비록 실패했더라도 그 과정을 통해 지원한 회사에 도움이 되는 경험을 얻을 수 있었다면 매우 효과적이다.

지원 회사에 따라 중점적으로 소개할 내용을 다르게

자기소개서는 지원하는 회사의 성격에 따라 다르게 작성하는 것이 좋다. 가령 광고회사에 제출하는 자기소개서와 제조업체에 제출하는 자기소개서의 내용이 동일하다면 어느 것 하나도 제대로 작성했다고 보기 힘들다. 지원 회사에 대한 정보와 자신의 희망을 근거로 설득력 있게 작성해야 한다.

경력자는 실무 경력 위주로, 신입은 사소한 경험 위주로 작성

경력자의 경우에는 성장 과정이나 성격 등과 같은 기초적인 내용보다는 실제 업무 경험 및 능력이 중요하다. 따라서 실제로 경험했던 업무 내용을 위주로 기술하고 처리 가능한 업무 범위, 처리 능력 등을 기술한다. 한편 신입이거나 경력이 짧아 별로 적을 게 없다면 아르바이트 경험도 괜찮다. 빈 백지 답안보다 아무거나 적는 것이 좋듯이, 너무 적을 것이 없다면 사소한 경험이라도 반영해야 한다.

첫 문장부터 개성과 전문성이 돋보여야 한다

자기소개란 제한된 지면에 자기를 홍보하는 것으로, 본인의 개성과 특정 분야에 대한 전문성이 구체적으로 표현되어야 한다. 남들이 흔하게 사용하는 용어, 어디선가 많이 들어본 듯한 진부한 표현 등은 읽고 싶은 마음을 사라지게 한다. 참신한 내용으로 진솔하게 기술하라.

자기 홍보를 적극적으로 하되 너무 과장해서는 안 된다

외국어 능력, 컴퓨터 활용 능력 등 장점이 될 수 있는 것은 객관적이고 구체적으로 알리는 것이 좋다. 반면 성격을 묘사할 때는 장점만 소개하지 말고 단점 역시 솔직하게 시인하고, 이를 극복하기 위해 어떤 노력을 하고 있는지 서술하는 편이 좋다.

글쓰기의 기본은 6하 원칙과 퇴고

누가(who), 언제(when), 어디서(where), 무엇을(what), 왜(why), 어떻게(how)는 글쓰기의 기본이다. 또한 작성된 글의 문장 구조, 논리 구조, 오·탈자 등을 여러 번 확인해야 한다. 이런 과정을 거치면서 자기소개서에 대한 내용을 기억하게 된다. 면접 때 자기소개서 내용이 면접관의 질문 자료가 될 수 있다. 따라서 자신이 쓴 내용은 반드시 기억해두어야 한다.

한 번에 자기소개서를 완성하기는 힘들다. 처음엔 한 줄 쓰기도 힘들 것이다. 하지만 여러 번 반복해서 쓰다 보면 차츰 나아질 것이다. 주변에 글을 잘 쓰는 사람이 있으면 도움을 받는 것도 좋다.

경력 관리와 자기 성장을 염두에 둬라
중소기업으로 눈높이를 낮추면 일자리가 보인다

흔히 기업은 대기업, 중견기업, 중소기업 등으로 구분한다. 이 구분은 업종이나 기준(예 : 매출액, 자본금, 종업원 수 등)에 따라 분류 방식이 복잡하니, 이를 엄격히 이해할 필요는 없다. 대기업, 중견기업, 중소기업은 대체로 다음과 같은 차이가 있다.

대기업은 소위 말하는 ○○그룹으로, 삼성그룹이나 현대그룹처럼 이름만 들어도 다 아는 기업이다. 중견기업은 대기업의 계열사 또는 대기업의 아래 단계로, 코스닥 종목에 편입된 회사들이 주로 여기에 해당된다. 예를 들어 쿠쿠전자나 린나이코리아 등이 중견기업이다. 반면 중소기업은 포괄적 의미로 사용되는데, 이름을 들어본 적이 별로 없거나 그 회사의 광고를 본 적이 없다면 중소기업일 가능성이 높다. 물론 중소기업은 상장 회사가 아닌 경우가 대부분이다.

그렇다면 대기업과 중소기업의 연봉 차이는 어떨까? 임금 격차가 아주 크다. 2015년 기준으로 볼 때, 대략 2배 정도 차이가 나는 것으로 조사되고 있다.

문제는 임금 격차뿐만 아니라 고용 안정성도 대기업이 훨씬 높다는 것이다. 중소기업은 특성상 어느 날 회사가 도산하여 사라질 가능성이 크며, 임금을 제대로 주지 않을 가능성도 훨씬 높다. 아울러 직원 자녀 장학금, 건강 검진, 사원 주택, 사원 교육, 해외 연수, 교통비, 출산 및 경조사 관련 지원금, 우리사주(자기 회사 주식의 저가 배당), 사원 대출 등의 복지제도가 대기업과 비교할 수 없을 정도로 열악하다.

이런 이유에서 대부분의 구직자들은 대기업을 선호한다. 중견기업의 경우 대기업에 준하는 대우를 해주거나, 대기업보다 급여와 복지제도의 수준이 조금 떨어진다. 중소기업과 대기업의 중간 정도라고 보면 된다. 사실 중견기업 정도만 되어도 대기업에 준하는 조직 체제가 정비되어 있어서 근로 환경이 좋은 편이다.

하지만 중소기업의 경우 아직 조직이 체계적으로 정비되어 있지 못하므로, 근로자가 특정한 일을 하기보다는 이것저것 여러 가지 일을 담당해야 한다. 예를 들어 근로자가 50명 정도인 중소기업의 과장은 총무, 인사, 회계, 노무, 마케팅, 품질관리 등 다양한 일을 해야 한다. 반면 근로자가 500명 정도인 대기업 과장은 자신이 담당하는 전문 분야에서만 일하면 된다.

그렇다면 어느 쪽이 경력 관리와 자기 성장에 유리할까? 정답은 없다. 무엇을 목표하느냐에 따라 다르다.

만약 한 기업 내 전문가로 성장하고 싶다면 스페셜리스트가 될 수 있는 전문가가 좋지만, 나만의 독립된 창업을 생각한다면 중소기업의 일을 배우는 것이 좋다. 대기업이든 중소기업이든 사장은 인사, 노무, 품질관리, 재무, 마케팅, 회계 등 다양한 분야의 경험이 필요하기 때문이다.

중소기업의 또 다른 장점은 기업이 성장함에 따라 나도 성장한다는 것이다. 예를 들어 종업원 50명의 회사가 10년 후 500명의 대기업으로 성장하면 직원의 직급, 연봉 등이 같이 성장한다. 기업의 입장에서는 자사의 업무에 숙련된 직원을 내보낼 이유가 없다. 기업 내에 인간적인 정(情)이 있는 회사가 많다는 것도 장점이다.

그리고 여행사, 건축업, 오락, 게임업체, 출판업체, 이·미용업체, 부동산중개업체 등의 경우 이들 사업체에서 일을 배워서 창업을 하는 사람들이 많다.

삼성전자에서 10년간 일을 배웠다고 전자회사를 창업할 수는 없지만, 모바일 게임업체에서 10년간 일하면 게임업체를 창업할 수 있다. 또한 미용실에서 10년간 일하면 미용실을 운영할 수 있다. 미용기술 외에 손님 응대 요령, 마케팅, 각종 시설 및 노무관리 방법, 세금 등에 대한 노하우를 쌓을 수 있기 때문이다.

따라서 창업을 희망한다면, 중소기업에서 차근차근 경험을 쌓아보는 것도 좋겠다. 창업 시 실패 가능성을 낮춰준다.

다음 표에서 소개하는 여성 친화 기업과 경력단절 불문회사는 서울시여성능력개발원의 '2015 좋은일자리발굴단'이 선정한 《좋은 일자리 20선 경력단절 불문회사》에 소개된 기업들의 목록을 정리해 내용을 일부 수정하고 여성 친화 기업을 추가한 것이다.

참고로 독자들이 거주 지역에서 해당 기업을 쉽게 찾을 수 있도록 하기 위해 기업의 주소지를 기준으로 가나다순으로 정렬하였다.

| 여성 친화 기업과 경력단절 불문회사 |

주소	기업 명칭	주요 사업	홈페이지
본사 경기도 파주	웅진씽크빅	회원제 과목·종합 학습지, 전집 도서 기반의 교육 서비스	www.wjthinkbig.com
본사 서울(전국)	교보생명	생명보험업	www.kyobo.co.kr
	다이소 아성산업	생활용품업체, 주방·욕실용품, 잡화, 인테리어 제품	www.daiso.co.kr
	스타벅스커피코리아	커피전문점	www.istarbucks.co.kr
	일룸	가정용 가구 제작 및 판매	www.iloom.com
	KFC코리아	패스트푸드	www.kfckorea.com
	하나투어	여행 서비스	www.hanatour.com
	한국야쿠르트	발효유, 우유, 과채주스, 건강기능식품	www.yakult.co.kr
서울시 강남구	룩다운(Look Down) 미디어콘텐츠	영상·촬영·홍보·방송제작·광고·미디어 교육	blog.naver.com/twomannews
	버블리미	여성 의류 전문 쇼핑몰, 의류 제작/판매	www.bubblyme.co.kr
	브로콜리컴퍼니	컨벤션/전시 기획, 이벤트 기획, 프로모션 기획 및 운영, 온라인 광고 기획	www.bcompany.co.kr

	아이패밀리SC	아이웨딩을 핵심 브랜드로 한 아이베이비, 아이애니버서리, 아이트래블 가족 행사와 육아, 여행, 교육, 금융 등 가족의 종합적인 서비스 사업	www.ifamily.co.kr
	앤(AND)	모바일 앱 서비스	www.mom-talk.com
	에드링턴코리아	수입 주류 유통	www.edrington.com
	한국티소믈리에연구원	티 관련 교육 연구 기관	teasommelier.kr
서울시 강동구	비단바늘	전통 공예 제작(출산용품, 인테리어 소품, 의류 제작 판매)	www.silkneedle.com
	잇미디어센터	정보화 교육 개발 및 연계, 위탁 교육 서비스, 출판업, 영상물 제작 전산 소모품, 자격검정, 이벤트	www.itmch.com
서울시 강북구	한국바른먹거리교육개발원	바른 먹거리	cafe.naver.com/ssftway
서울시 광진구	보덕메디팜	의약품 도매업	boduk.co.kr
	재한몽골학교	국내 유일 몽골 학교, 초등학교부터 고등학교까지의 과정 운영	www.mongolschool.org
	큰열매여성의원	산부인과, 피부 관리, 비만 클리닉	www.bigfruit.co.kr
서울시 금천구	리싸이클파크	전국의 폐차장 컨설팅, 중고 부품 판매 쇼핑몰 운영	www.gparts.co.kr
	산업안전보건진흥원	산업 안전 보건 교육 위탁	www.ohsai.or.kr
	엠엘씨월드카고	항공 화물 운송 알선	www.mlc-cargo.com
서울시 동대문구	윔플	음식 포장 판매/음식 및 식료품	www.facebook.com/wimple2015

서울시 동작구	KTcs	KT 무선상품 인바운드 고객 상담, 요금 문의, 요금제 신청 및 변경 등	www.ktcs.co.kr
	소셜메이트 솜 협동조합	사회적 경제 분야의 다양한 기업들의 조직 코디네이팅 및 업무 지원(기획, 회계, 디자인, 조직관리 등), 경력 단절 여성들의 창업 지원	www.tobesom.com
서울시 마포구	갖춤웰빙뷰티	경력 단절 여성 등을 대상으로 하는 뷰티 테라피스트 양성 교육 실시	02-704-8838
	그리다협동조합	1인 여성 가구 모임, 카페 운영, 공간 대여, 어슬렁 아카데미 운영	www.wgreeda.com
서울시 서대문구	더이레츠	건축 설계, 건축 시공, 리모델링, 인테리어, 시설 관리	www.theerets.com
	여성신문	여성적 가치 창조, 여성 문화의 허브 미디어, 여성 리더쉽 미디어, 글로벌 여성 미디어	www.womennews.co.kr
서울시 서초구	그립	가정용 사물인터넷(IoT) 기술, 클라우드 스트리밍 서비스, UX 컨설팅	www.grib.co.kr
	마음으로	베이비시터 전문 알선	www.maumuro.co.kr
	지어소프트	IT서비스 구축, 인프라 구축, 유무선 온라인 광고 및 프로모션 대행 등	www.gaeasoft.co.kr (IT 부문) www.diocean.co.kr (미디어사업 부문)
	덤인(전국 서비스)	정리 수납 컨설턴트	www.dumin.co.kr
	한살림소비자생활협동조합	도농(都農) 직거래	www.hansalim.or.kr

서울시 성동구	자람패밀리	부모 중심의 가족 지원 사업으로 기업이나 공공기관 컨설팅, 강사 파견 등	www.zaramfamily.co.kr
	햇빛공방	그림책 주인공을 창조한 바느질 소품 제작 및 교육 사업	blog.naver.com/harbit5934
서울시 송파구	맘이랜서	매칭 플랫폼 및 교육 서비스, 컨설팅	www.momjobgo.com
	퍼시스	사무실·병원 등 사무용 가구 생산, 판매	www.fursys.com
서울시 영등포구	수과학교육놀이협동조합	과학·수학 교육 프로그램 개발, 팝업키트 개발	www.cafe.daum.net/msep
	씽크풀	온라인 주식 매입 리스크 관리 시스템 제공, 위치 도용 방지 솔루션 제공, 미체결 주문 시스템 및 퀀트 시스템 제공, 주식 정보 제공	www.thinkpool.com
	제이엠커리어	아웃플레이스먼트 및 교육 훈련업	www.jmcareer.co.kr
서울시 용산구	송지	천 기저귀 세탁, 렌털, 판매 서비스	www.1004mom.net
	재단법인 행복한학교	초등학교 방과후학교 전체 위탁(교과, 특기적성, 음악, 체육 등 전문)	www.happy-shcool.org
	착한엄마	영유아, 아동용품 벼룩시장	blog.naver.com/nicemom77
서울시 은평구	은평구시설관리공단	은평구 대표 시설인 불광천 및 어린이공원 33개소, 마을마당 31개소 관리, 주차 사업, 문화 사업, 체육 사업,	www.efmc.or.kr
서울시 종로구	보령메디앙스	로션, 크림, 젖병, 수유용품, 안전용품, 생활용품, 유아 의류	www.medience.co.kr

	대학내일	광고 및 행사 대행, 소프트웨어 개발, 마케팅 대행	www.naeilshot.co.kr
	미즈내일	교육 전문 여성 주간지	blog.naver.com/nicemom77
서울시 종로구	언니네마당	독립 출판	www.sistersmag.blog.me
서울시 중구	손말이음센터	실시간 중계(수화 통역)	www.relaycall.or.kr
	에프알엘코리아(주)	유니클로, 의료 도소매업	www.uniqlo.com
	유락종합사회복지관	사회복지기관, 복지 사업, 교육 문화 사업, 후원, 봉사	www.yurak.or.kr
서울시 중랑구	희망재가노인복지센터	방문 요양, 방문 목욕	blog.naver.com/dolbom0822

창업, 신중히 접근하라
왜 수많은 치킨가게가 문을 닫을까

재취업을 하려고 해도 마땅한 일자리가 없어서 답답한 마음에 창업을 생각하는 사람들이 있다. 이런 사람 가운데 창업을 했다가 본전은커녕 빚더미만 떠안게 되는 경우가 허다하다. 특히 음식 솜씨 하나 믿고 섣불리 덤벼서는 안 된다. 음식이 맛있다고 반드시 장사가 잘되는 것은 아니다. 창업한 지 2년이 채 안 되어 문을 닫는 가게가 수두룩하다.

그래서 간판 사업은 불황이 없다. 경기가 좋으면 신규 사업자가 많이 생겨 장사가 잘되고, 불황이면 문 닫는 가게가 늘어나고 새로운 점포가 생겨나서 또 간판을 달기에 항상 장사가 잘되는 것이다.

창업은 사회적 트렌드 파악부터, 아이템 선정, 자신의 적성, 투자금 등 고려 사항이 복잡한 재취업 방법이다. 창업은 신중에 신중을 기해야 한다.

창업은 대개 다음과 같은 절차로 이루어진다.

| 창업 절차 |

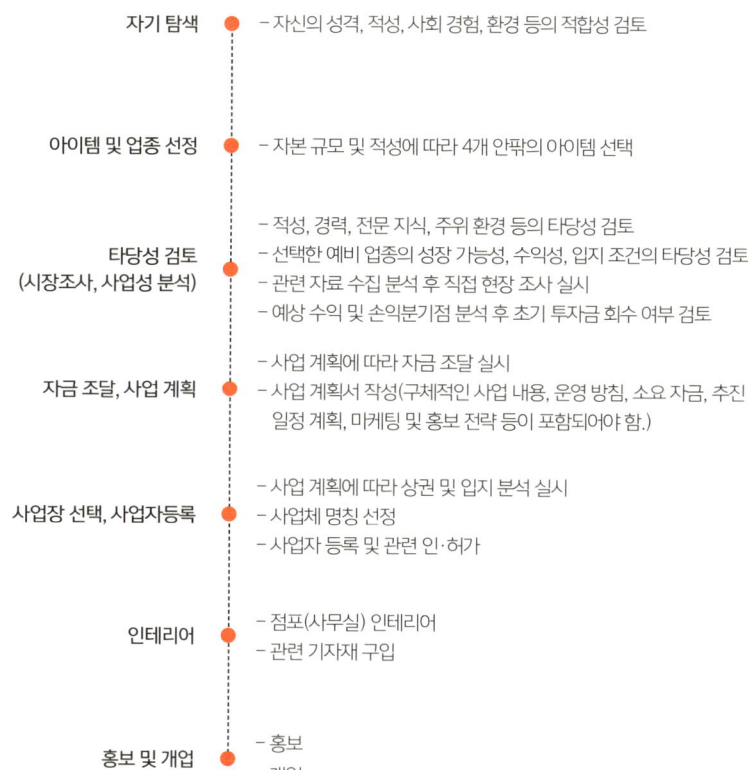

좋은 약은 입에 쓴 법이다. 창업과 관한 긍정적 이야기가 아니라 부정적 이야기가 좋은 조언이다. 그래도 창업을 해보겠면 다음 여섯 가지를 잘 지켜야 한다.

첫째, 사회적 트렌드를 읽어서 아이템을 선정하라. 내 생각도 중요하지만, 다른 사람들의 기호를 읽어내야 한다. 너무 독특한 아이디어는 융합되기 어렵다. 독창성이 있으면서도 창업에 성공할 수 있는,

사회적 트렌드가 반영된 아이템을 선정해야 한다.

둘째, 입지 선택이 중요하다. 부동산 투자의 귀재에게 성공한 부동산 투자의 비법을 물었더니 다음과 같은 대답이 돌아왔다. "가장 중요한 것이 무엇이냐? 위치다. 두 번째로 중요한 것이 무엇이냐? 위치다. 세 번째로 중요한 것이 무엇이냐? 위치다." 창업에서도 입지가 중요하다. 판매하려는 상품(서비스)을 고려해 가게 위치를 골라야 한다.

셋째, 가맹점 창업은 득과 실이 있다. 가맹점 창업의 경우 본사의 지원을 받을 수 있지만, 본사의 규제를 받고 이익도 나누어야 한다. 그러므로 가맹점 창업 시 장단점을 잘 파악해야 한다. 본사 상담원의 설명보다 이미 가게를 운영하고 있는 가맹점주의 이야기, 특히 애로 사항에 귀를 기울여야 객관적인 판단을 할 수 있다.

넷째, 무리한 창업 비용은 화를 부른다. 형편에 맞지 않게 여기저기서 대출을 받아 무리하게 창업하면 성공 가능성이 떨어진다. 창업한 지 2년 내에 문을 닫는 가게가 많으니 최소한 2년은 버틸 수 있게 계획을 세워야 한다.

다섯째, 창업 전에 경험을 쌓아라. 만약 프랜차이즈 베이커리 가게를 창업할 계획이라면 사전에 베이커리에서 아르바이트를 하면서 경험을 쌓아야 한다. 머릿속으로 생각하는 것과 몸이 생각하는 것은 다르다. 경험을 통한 체득이 중요하다.

여섯째, 창업에 적합한 사람이 있다. 자신이 성공한 창업자가 될 수 있는지 꼼꼼히 따져보라. 자신이 창업에 적합한 사람인지 충분히 검토해야 한다.

다음 두 가지 표에 답해봄으로써 자신이 창업에 얼마나 적합한 사람인지 자가 진단을 해볼 수 있다.

| 사업가 기질 자가 진단 |

순번	내용	예	아니오
1	나는 단기 목표보다 장기 목표를 선호한다.		
2	인생에서 내가 원하는 것을 얻기 위해 위험을 감수하는 것을 선호한다.		
3	새로운 도전보다는 안정적인 일자리를 더 중요하게 생각한다.		
4	비록 책임이 따를지라도 의사결정권을 가지는 것이 좋다.		
5	구조화된 지시에 따르는 것보다 개인적 성취를 위한 기회를 인식하는 것을 더 잘한다.		
6	나의 목적을 이루기 위해서 동료들의 도움을 구하는 것보다 직장에서 모든 사람들과 잘 지내는 것이 더 중요하다고 생각한다.		
7	나는 컵에 물이 반이 담겼다고 생각하기보다는 반이 비었다고 생각한다.		
8	실수를 할 때 그것에 대하여 낙심하기보다는 실수로부터 교훈을 얻는다.		
9	나는 일로 인해 사생활을 간섭받기보다는 저녁 시간과 주말을 자유롭게 지내기를 선호한다.		
10	성공은 고용주보다는 자신의 노력에 의해 얻어지는 것이라고 생각한다.		

※ '예' 하나를 1점으로 계산한다.
8~10점 : 사업가 기질 높음 | 6~7점 : 사업가 기질 보통 | 5점 이하 : 사업가 기질 낮음

| 창업 성공 가능성 및 적합도 자가 진단 |

구분	내용	체크 항목	가중치	점수
1	나는 피고용인으로 나의 인생을 허비했다. 고용주가 되어 독립적인 미래를 꿈꾸고 싶다.	5 4 3 2 1	×3	
2	돈을 더 벌기 위해 창업한다. (현재 임금이 적절하지 않기 때문에)	5 4 3 2 1	×1	
3	나와 가족을 위한 확실한 미래에 대한 투자이다.	5 4 3 2 1	×3	
4	가족, 친지, 친구 등 주변 사람들의 영향으로 인해 창업한다.	5 4 3 2 1	×2	
5	내 사업을 할 때 생기는 힘들고 중요한 일들을 성공적으로 수행할 수 있는 인맥과 전문 지식이 있다.	5 4 3 2 1	×3	
6	내 자신의 생각과 능력으로 더 나은 삶을 영위할 아이템이 있다.	5 4 3 2 1	×4	
7	현재 일자리가 없기 때문에 창업한다.	5 4 3 2 1	×2	
8	현재 직업은 싫고, 뭔가 다른 것을 해보고 싶어서 창업한다.	5 4 3 2 1	×2	
총계				

※ 계산 방법

각 항목의 점수는 다음과 같이 매긴다.

5점 : 매우 그렇다. | 4점 : 그렇다. | 3점 : 보통 | 2점 : 그렇지 않다. | 1점 : 전혀 그렇지 않다.

각 항목 점수에 가중치를 곱한 후 1~8까지의 항목을 모두 더한 총계는 다음과 같은 의미를 지니고 있다.

- 90점 이상 : 당신은 자영업자가 될 이유가 있으며 확실한 가능성을 가지고 있다.
- 65~90점 : 당신은 자영업자가 될 괜찮은 가능성이 있다.
- 45~65점 : 당신은 자영업자가 될 보통의 가능성이 있다. 이에 대해 중소기업 상담가와 상담해보는 것이 좋겠다.
- 45점 이하 : 당신의 가능성은 그다지 고무적이지 않다. 자영업을 하기 전에 시간과 경험이 더 필요하다.

다음 사이트에서도 창업에 관한 유용한 정보들을 얻을 수 있다.

- 소상공인마당(www.sbiz.or.kr)
- 소상공인시장진흥공단(www.semas.or.kr)
- 서울시 소상공인 창업아카데미(edu.seoulsbdc.or.kr)
- 서울시 자영업지원센터(www.seoulsbdc.or.kr)
- 부산 창업지원센터(www.bschangup.kr)

여러 가지 여건과 상황을 고려한 다음, 창업하기로 마음을 굳혔다면 어떤 아이템으로 창업할 것인지를 정해야 한다. 일반적으로 사업 아이템을 선정하는 기준이 되는 요소는 이 상품(서비스)이 시장 수요를 반영하고 있는가 하는 것이다. 다시 말해 내가 창업해서 팔고자 하는 상품을 살 사람이 얼마나 있느냐 하는 것이다. 그리고 시장 수요를 반영하고 있다면 '어떻게 시장과 결합시켜나갈 것인가?' 하는 문제를 고심해야 한다. 이 문제를 해결하려면 기존 상품과의 차별성, 가격 경쟁력이 있어야 한다. 이 두 가지는 창업뿐만 아니라 신상품(신서비스)을 기획하는 데 있어서도 중요하게 고려해야 할 점이다.

좋은 아이템을 선정하기 위해서는 크게 다음 두 가지를 고려해야 한다. 첫째 자신에게 맞는 아이템이어야 한다. 아무리 좋은 아이템일지라도 그 사람과 궁합이 맞아야 한다. 자신의 능력(지식, 건강, 재산 등) 및 여건과 맞지 않으면 빛을 보기가 어렵다. 둘째, 외적인 요소를 고려해야 한다. 모든 일에는 시기와 환경이라는 것이 있다. 다시 말해서 때와 장소를 구분할 줄 알아야 한다. 영웅도 시대를 만나야 영웅이 되듯이, 좋은 아이템도 적절한 시기와 환경 등의 외적 요소와 결합될 때 빛을 발한다. 이 두 가지를 보다 구체화시키면 다음 표와 같다.

| 아이템 선정을 위한 내적 요소와 외적 요소 평가 |

항목		점검 사항	적합성 평가			
			상	중	하	계
내적 요소	적성	아이템이 본인의 성격과 성향에 맞는가?	10	5	0	
	경험 유무	유사한 직간접 경력이나 사업 경험이 있는가?	10	5	0	
	본인 능력	자신의 능력(전문 지식, 경력, 자격증, 학력 등)으로 가능한가?	10	5	0	
	대인관계	주위에 도움을 받을 수 있는 전문가나 거래처나 고객이 충분히 있는가?	10	5	0	
	창업 규모	창업 자금의 상태는(대출금이 절반 이상)?	10	5	0	
외적 요소	잠재 수요	유효한 잠재 고객이 충분히 있는가?	10	5	0	
	수요·공급 파악	주위에 경쟁 점포가 많은가?	10	5	0	
	성장성	동 업종의 경우 매년 산업 규모가 성장하고 있는가?	10	5	0	
	수익성	수익성(마진율)이 높은 분야인가?	10	5	0	
	진입 장벽	진입장벽이 높은 업종(법적 규제, 경쟁 업체 등)인가?	10	5	0	

※ 각 항목의 점수는 10점, 5점, 0점으로 매기고, 전체 100점을 만점으로 한다.
70점 이상 : 적합한 아이템 | 50점 이상~70점 미만 : 신중한 접근 | 50점 미만 : 부적합

길이 없다면 만들어보자
창업도 취업도 아닌 창직을 고려해보라

직업의 세계가 변화하고 있다. 새로운 직업이 생겨나기도 하고, 없어지기도 한다. 그리고 프로젝트를 중심으로 변신, 결합, 합체하는 일이 많아졌다. 대표적 분야가 영화이다. 영화가 기획되면 조명 전문가, 컴퓨터 그래픽 전문가, 감독, 작가에 이르기까지 영화와 관련된 사람들이 프로젝트를 중심으로 뭉쳤다가 일이 끝나면 흩어진다.

또한 기업은 비용 절감 및 경영 관리의 편리성 때문에 아웃소싱을 많이 하고 있다. 정보통신의 발달은 사람들이 같은 공간에서 일할 필요성을 감소시킨다. 새로운 기술이 나오면서 다른 분야와 융합할 일이 많아졌다.

이런 면에서 볼 때 창업이 아닌 창직은 인생 2막을 여는 새로운 방법이 되고 있다. 창직은 창조적인 아이디어를 통해 기존에 없는 직업이나 직종을 만들어내거나 기존 직업을 재설계하는 창업 활동을 말한다. 창업의 경우 매장이나 가게가 필요하며 자본이 많이 소요되지만, 창직은 혼자서 일하거나 몇몇이서 공동으로 일할 수도 있다. 예를 들어 1인 출판의 경우 자신이 기획하고 집필하고 편집한 책을 출판한다. 삽화나 디자인 등은 디자이너에게 외주를 준다. 사실 창직과 관련한 일자리는 창업 비용이 적게 들고 시간 활용이 자유로운 경우가 많아서 경력 단절 여성에게 적합한 일자리가 많다. 취업도 창업도 어렵다면, 창직에 도전해보는 것은 어떨까?

만약 창직에 관심이 있다면 일단은 톡톡 튀는 아이템이어야 한다. 다시 말해 창의적인 아이디어가 중요하다. 이미 공고화된 시장이 아닌 틈새시장을 찾아야 한다. 예를 들어 3D프린터 분야의 경우 새로운 아이디어를 통해 수많은 틈새시장을 찾을 수 있다.

둘째, 잡(Job)을 이해해야 한다. 잡 시장은 끊임없이 생성, 소멸, 분화, 융합하는 생물과 같다. 기존의 것을 분화하여 발전시키거나, 이것과 저것을 엮는 작업 속에서 새로운 아이템이 나온다. 예를 들어 미술심리치료사는 미술과 심리가 결합되어 생겨난 새로운 직업이다.

셋째, 자신이 오랫동안 흥미를 잃지 않을 분야를 찾아라. 좋아하면 잘하게 되어 있다. 그러려면 좋아하는 일을 해야 한다. 채식주의자가 숯불갈비 식당을 해서는 성공할 수 없다. 일시적 흥미가 아닌 지속적 흥미가 무엇인지 생각해보라.

넷째, 지금 유행보다 반 박자만 앞서가라. 미래학자 존 나이스비트는 《마인드 셋(Mind Set)》에서 반 발짝 앞서가라고 말했다. 시장 동향이나 미래 트렌드를 분석해 수요가 커지고 있는 분야를 포착해야 한다. 하지만 남보다 너무 앞서가서는 안 된다. 6~10년을 앞서가면 버티지 못하고 주저앉는다. 3~5년 정도만 앞서가라.

다섯째, 도움을 요청하라. 시간을 아끼고 시행착오를 줄이려면 전문가와 주변 사람의 의견을 참고하는 것이 좋다. 듣기 좋은 말보다 현실적 조언에 귀를 기울이자. 《탈무드》의 구절처럼 귀를 높은 곳에 둘 필요가 있다.

여섯째, 실행에 옮길 때는 각종 지원 제도를 활용하라. 요즘은 창직 관련 정부지원제도가 많다. 무료 컨설팅, 다양한 대출제도 등이 있다. 많은 사람들이 공짜의 경우 질이 낮을 것이라고 생각하는데 전혀 그렇지 않다.

우리나라에는 없지만 외국에 있는 직업을 국내 상황에 맞게 만들어낼 수도 있다. 다음 표를 참조하면 도움이 될 것이다.

| 창직에 도움이 되는 국내외 정보 |

구분	정보
국내	• 한국고용정보원의 직업정보 : know.work.go.kr (한국직업정보시스, 한국직업사전, 한국직업전망, 우리들의 직업 만들기 등) • 한국직업능력개발원의 커리어넷 : www.careenet.re.kr • 민간자격 정보서비스 : www.pqi.or.kr
해외	• 미국, 미래직업(World Future Society) : www.wfs.org • 미국, 오넷(O*NET) : www.onetcenter.org • 미국, 직업전망 OOH : www.bls.gov • 캐나다, 국가직무표준(NOS) : www.cic.gc.ca • 영국, NCS(National Career Service) : nationalcareerservice.direct.gov.uk • 독일, BERFUNET : www.berufnet.arbeitsagentur.de/berufe/ • 일본, 헬로우워크 : www.hellowork.go.jp

국제의료관광코디네이터 | 귀금속 및 보석세공원 | 그린마케터 | 노인전문상담가 | 동물원큐레이터 | 디스플레이디자이너 | 문화예술교육사 | 병원코디네이터 | 보육교사 | 빛디자이너 | 상품판매원 | 생태어메니티전문가 | 안내 및 접수사무원 | 에코제품디자이너 | 임상연구코디네이터 | 전직지원전문가 | 펀드레이저 | 할랄인증컨설턴트 | 회계사무원

나는 매일 회사에 출근하고 싶다
— 꼬박꼬박 안정적인 월급을 받는 직업

국제의료관광코디네이터
뷰티풀 코리아! 한국을 알리는 의료 홍보 대사

꼭 아픈 사람만 병원을 찾는 것은 아니다. 더 아름다워지려는 마음은 수술의 고통도 이겨낸다. 아름다움을 위한 여자의 변신은 무죄다. 우리나라의 성형 기술은 세계에서 인정할 만큼 뛰어나다. 그래서 수많은 의료 관광객이 한국을 찾는다.

국제의료관광코디네이터는 한류와 함께 한국의 선진 의료 기술을 소개하는 홍보대사이다. 특히 성형 분야는 중국인과 일본인에게 인기가 많다. 이처럼 한국을 찾는 의료 관광객은 나날이 증가하고 있는데 자격증을 가진 인력은 많지 않으므로 국제의료관광코디네이터에 대한 수요가 늘고 있다.

국제의료관광코디네이터가 수행하는 주요 업무는 다음과 같다. 첫째, 예비 의료 관광객에게 전화와 이메일로 의료 및 일정을 상담한다. 둘째, 의료 관광객의 예약과 사후 일정을 관리한다. 셋째, 의료 관광객의 진료를 접수한다. 넷째, 의료 관광객에게 치료 관련 내

용을 설명하고, 주의 사항과 처방전 등을 안내한다. 다섯째, 의료 시술 후 사후 관리를 담당한다. 여섯째, 의료 관광객에 대한 관광 일정과 이동 경로를 안내한다. 일곱째, 의료 관광객 관련 상품을 개발하고 프로모션 등의 마케팅을 진행한다.

국제의료관광코디네이터의 소득은 근무 환경 및 근무 시간에 따라 차이가 있다. 주 5일 근무 외에 시간선택제로 일할 수도 있다. 급여는 다른 일에 비해 비교적 높은 편이다. 한류와 밀접한 관련이 있는 분야여서 중국어, 일본어, 러시아어, 영어 등 외국어 능력이 중요하다. 또 이 직업은 환자와 대화하는 일이 많으므로 회화 및 대인 관계 능력도 필요하다. 아울러 기초적인 의료 및 의약 용어 지식이 필요하다. 그러므로 간호사, 치과위생사, 간호조무사 등 의료 관련 기관에서 일한 경험이 있으면 많은 도움이 된다.

취업을 위해서는 전문대학 이상의 학력이 요구된다. 경력 단절 여성에 대한 차별은 없으나 어학 능력이 중요한 관건이 되며, 관련 국가기술자격증을 취득하면 취업에 도움이 된다. 만약 이 분야에 대한 경험이나 자격이 없다면, 자격증과 연계된 교육훈련을 통해 기술이나 기능을 갖추면 된다. 직업훈련 과정이 개설되어 있는 곳이 많으며, 교육훈련 시 국비 지원을 받을 수도 있다. 컴퓨터는 기초적인 수준에서 다룰 줄 알면 된다.

2013년에 국가기술자격으로 '국제의료관광코디네이터'가 신설되었다. 공공 분야 훈련으로는 한국보건복지인력개발원 전문의료통역사 양성과정(www.khrdi.or.kr)과 한국관광공사(www.visitkorea.or.kr)의 의료관광코디네이터 양성과정 등이 있다. 관련 단체로는 한국의료관광 코디네이터협회(www.kcodi.or.kr), 한국보건복지인력개발원(www.kohi.or.kr) 등이 있다.

어떤 훈련과 자격증이 필요할까?

- **정규교육** : 전문대학 이상의 학력이 요구되며, 간호학·보건학·외국어 관련 전공자가 유리함.
- **직업훈련** : 다수의 교육훈련 과정이 있음.
- **국가자격** : 국제의료관광코디네이터
- **민간자격** : 글로벌헬스코디네이터(등록), 병원서비스코디네이터(등록) 등 다수

직업훈련과 자격증 취득 정보는 수시로 변동되어 정확한 정보를 제공하기 힘들므로 다음 사이트를 참조하기 바람.
직업훈련 : HRD-Net(www.hrd.go.kr) / **자격증** : 큐넷(www.q-net.or.kr), 민간자격 정보서비스(www.pqi.or.kr)

| 한눈에 보는 직업별 통계 |

요구 학력	직업 규제	소득 수준	경단취업적합도	직업 전망
✿✿✿	✿✿✿	✿✿✿	✿✿✿✿	✿✿✿✿✿

귀금속 및 보석세공원
반짝반짝 작은 별을 다듬다

자신이 태어난 달의 탄생석을 지니고 다니는 사람들이 많다. 잠시 월별 탄생석의 종류와 의미를 살펴보자. 1월은 가넷(진실과 우정), 2월은 자수정(평화, 성실), 3월은 아쿠아마린(총명), 4월은 다이아몬드(고귀), 5월은 에메랄드(행복), 6월은 진주(건강, 부귀), 7월은 루비(용기, 정의), 8월은 페리도트(부부 화합), 9월은 사파이어(진리, 불변), 10월은 오팔(희망, 순결), 11월은 토파즈(우정), 12월은 터키석(성공, 승리)이다. 이러한 탄생석과 같은 보석류나 금과 은 등의 귀금속을 다루는 일을 하는 사람을 '귀금속 및 보석세공원'이라 한다.

귀금속 및 보석세공원이 하는 일은 다음과 같다. 첫째, 고객의 요구사항 파악, 둘째, 귀금속 및 보석 등의 작품 디자인(때론 CAD 활용), 셋째, 공방 혹은 작업장에서 디자인에 따른 가공(세공, 광택, 세척, 도금 등), 넷째, 때론 제작된 귀금속 및 보석에 대한 판매, 다섯째, 파손된 귀금속 및 보석에 대한 수리 등이다.

요즘은 귀금속 가공 및 보석 세공 시 자동화 기계를 사용하기도 하지만, 여전히 톱이나 용접 기구 등을 많이 사용하기 때문에 항상 주의가 필요하다. 일하는 동안 고도의 집중력이 요구되며, 눈의 피로도가 높고 목, 어깨, 팔다리에 통증이 생길 수도 있다. 또 보석 가공 중에 먼지나 소음이 발생될 수 있어서, 시력과 함께 코와 기관지를 보호하는 데도 신경 써야 한다.

귀금속 및 보석세공원은 업무 특성상, 꼼꼼한 성격과 손 기술을 가진 사람이 유리하다. 아울러 창의적인 디자인 능력과 예술적 감각을 갖추고 있으면 더욱 좋다. 월소득은 대략 200만~400만 원인데, 숙련 정도에 따라 임금 차이가 크다.

좀 더 시야를 확대한다면, 귀금속 및 보석세공원은 다른 전문 분야로 진출할 수 있는 발판이 될 수도 있다. 결혼 준비 과정에서 구혼에 필요한 보석과 상자 등을 개발하는 테크아트 주얼리 개발 분야 등이 그것이다.

귀금속 및 보석세공원의 경우 학력 제한은 없으며, 특별한 컴퓨터 활용 능력을 요구하지도 않는다. 해당 분야 교육과 자격증이 필수 취업 요건은 아니지만, 자격증이 있으면 취업에 유리하다. 직업의 특성상 기술과 기능을 중시하므로 직무 수행에 필요한 경험이나 기술이 없다면 자격과 연계된 교육훈련을 받기 바란다. 중기, 장기 등 다양한 교육훈련이 개설되어 있다. 그러나 교육훈련 과정이 비교적 어려운 편이라 손 기술이 없거나 기초 직업 능력이 부족하다면 쉽게 접근하기 어렵다. 교육훈련 시 국비 지원 혜택도 가능하다.

관련 단체로는 한국귀금속보석기술협회(www.kojema.or.kr), 한국귀금속보석디자인협회(www.koreajewelrydesign.com), 한국보석협회(www.kgta.or.kr) 등이 있다.

어떤 훈련과 자격증이 필요할까?

- **정규교육** : 학력 제한은 없으나, 디자인, 귀금속 관련 전공자가 유리함.
- **직업훈련** : 직업전문학교나 학원에 귀금속 관련 2~4개월 교육훈련 과정이 있음.
- **국가자격** : 귀금속가공기능사, 귀금속가공기능장, 귀금속가공산업기사, 보석감정사, 보석가공기능사
- **민간자격** : 보석감정상담사(등록)

직업훈련과 자격증 취득 정보는 수시로 변동되어 정확한 정보를 제공하기 힘들므로 다음 사이트를 참조하기 바람.
직업훈련 : HRD-Net(www.hrd.go.kr) / 자격증 : 큐넷(www.q-net.or.kr), 민간자격 정보서비스(www.pqi.or.kr)

| 한눈에 보는 직업별 통계 |

요구 학력	직업 규제	소득 수준	경단취업적합도	직업 전망
❀	❀❀	❀❀	❀❀❀	❀❀

그린마케터
녹색으로 소비자의 지갑을 열어라

녹색은 식물, 숲, 산, 풀, 산림, 채소 등 자연을 상징하는 색이다. 녹색은 심리적으로는 이해, 수용, 배려 등을 의미하며, 육체적으로는 눈의 피로를 풀어주는 효능이 있다. 또한 흥분을 가라앉히고 마음을 안정시켜준다. 그래서 의사들은 수술실에서 주로 녹색 가운을 입는다.

이런 심리적·육체적인 의미뿐만 아니라 요즘은 녹색이란 말이 곳곳에서 쓰인다. 녹색경제부터, 그린카, 그린에너지 등 환경을 대표하는 녹색이란 말이 수식어처럼 여기저기에 붙는다. 마케팅 분야에서도 예외가 아니다. 소위 '그린마케팅'이 그것이다.

그린마케팅이란 기업들의 친환경적인 경영 방침에 따라 이루어지는 마케팅 활동을 말한다. 그린마케팅과 유사한 용어로 사회적 마케팅, 무공해 마케팅, 환경 마케팅, 생태 마케팅 등이 있다. 이런 마케팅을 실시하는 사람을 총칭하여 '그린마케터'라 부른다.

그린마케터가 수행하는 주요 업무는 다음과 같다. 첫째, 그린 상품 개발을 위한 시장조사, 둘째, 그린 상품 개발 및 마케팅 전략 수립, 셋째, 소비자와 공급자를 고려한 상품 가격 결정, 넷째, 소비자의 환경 의식 고취 및 교육 실시, 다섯째, 재활용 아이디어와 방법 모색, 여섯째, 그린 상품에 대한 모니터링 및 평가 등이다.

간단하게 말해 화장품 공병 교환, 재생 가능한 용기 개발, 일회용품 덜 쓰기 등 환경을 보호할 수 있는 방안을 만들어 기업의 마케팅 전략을 세우는 일을 한다고 보면 된다.

그린마케터는 주로 마케팅 부서 또는 기업 사회공헌 부서에서 근무한다. 근무 조건은 일반적인 마케터와 별 차이가 없다. 보통은 오전 9시 출근, 오후 6시 퇴근이다. 다만 온라인 그린마케터의 경우에는 출퇴근이 없기도 하다. 하지만 새로운 상품의 기획 및 판촉 시즌에는 야근이 많을 수 있다. 주로 회사 내에서 일하지만, 시장조사나 모니터링을 위해 외근을 나가기도 한다.

이 직업은 다양한 산업 분야에서 직원을 모집한다. 직무 범위는 협소하지만 홍보 및 판매 대상은 매우 다양하다. 대상 제품 및 분야, 전문성에 따라 재취업 가능성과 근로 여건, 소득 등에서 차이가 많다. 급여는 중소기업의 경우 신입사원 기준으로 대략 월 150만~250만 원 정도 되지만, 대기업에서는 이보다 훨씬 많이 받는다.

최소 전문대학 이상의 학력을 요구하며, 마케팅 관련 경험자일 경우 취업에 유리하다. 따라서 자격증 유무보다 홍보 및 마케팅 관련 경력이 중요하다. 그리고 기획 보고서를 작성할 수 있을 정도의 컴퓨터 활용 능력도 필요하다.

아직까지는 그린마케터의 수요가 그다지 많지 않지만, 갈수록 환경문제가 심각해지면서 환경에 대한 사회적 책임도 커지고 있으며 친환경적인 제품을 찾는 소비자도 늘고 있으므로 그린마케터의 전망은 밝은 편이다.

어떤 훈련과 자격증이 필요할까?

- **정규교육** : 전문대학 이상의 학력이 요구되며, 심리학·경영학·마케팅 전공자가 유리함.
- **직업훈련** : 마케팅 관련 교육훈련 과정은 다양한 기관에서 아주 많이 개설되어 있음.
- **민간자격** : EM친환경생활지도사(등록), 지구시민친환경강사(등록), 친환경관리사(등록) 등

직업훈련과 자격증 취득 정보는 수시로 변동되어 정확한 정보를 제공하기 힘들므로 다음 사이트를 참조하기 바람.
직업훈련 : HRD-Net(www.hrd.go.kr) / **자격증** : 큐넷(www.q-net.or.kr), 민간자격 정보서비스(www.pqi.or.kr)

| 한눈에 보는 직업별 통계 |

요구 학력	직업 규제	소득 수준	경단취업적합도	직업 전망
✿✿	✿✿	✿✿✿	✿✿✿	✿✿✿✿

노인전문상담가

너희가 100세의 마음을 알아?

인구 고령화 추세와 함께 노인을 대상으로 한 영화들이 많이 제작되고 있다. 〈그대를 사랑합니다〉, 〈창문 넘어 도망친 100세 노인〉, 〈버킷 리스트〉 등이 그 사례들이다. 독거노인 문제를 다룬 책으로는 《어쩌면 당신은 관심 없는 이야기》가 있으며, 이 내용은 뮤지컬로 제작되기도 했다.

사실 노인은 일반 성인과는 다른 인구사회학적 특성이 있다. 심리적·육체적 특성 외에도 경제적·사회적 소비 패턴과 관심사가 다르다. 그럼에도 불구하고 아직 노인에 대한 전문 서비스는 발달하지 못했고, 그 결과 많은 노인들이 전문가의 상담 없이 각종 문제를 스스로 해결하고 있다. 이러한 문제를 극복하기 위해 생긴 직업이 '노인전문상담가'다.

노인전문상담가가 주로 수행하는 업무는 첫째, 노인 문제에 대한 이해, 둘째, 노인의 외로움, 자살, 재혼 문제, 경제적 빈곤, 알코올

중독, 성생활 등의 상담, 셋째, 노인과 관련된 각종 정부 지원 및 재가 서비스 안내, 넷째, 실버용품 및 생활 정보 제공, 다섯째, 상담일지 작성 및 인적 네트워크 관리 등이다.

우리나라에서 노인 전문 서비스는 이제 태동 단계이다. 미국의 경우 노인의 이주를 돕는 노인이주컨설턴트가 대략 500명 정도에 이르며, 이들은 특정 단체에 회원으로 등록하여 활동하고 있다. 하지만 국내에는 아직 노인의 이주를 돕는 전문 이사 용역 업체가 없다. 하지만 앞으로 고령인구가 증가할 것으로 예상되므로 우리나라에서도 노인 전문 서비스가 발달할 전망이다.

상담 대상자가 고령이어서 상담가가 너무 어리면 신뢰성이 떨어진다. 그래서 50대 전후가 이 직업에 가장 적절한 연령층으로 꼽힌다. 노인전문상담가의 초봉은 대략 2000만 원 안팎이다. 하지만 임금은 업무 내용과 기관에 따라 상이하며, 일정 경력이 쌓이면 고수익도 기대할 수 있다. 현재는 주 5일 근무에 급여는 130만~170만 원 정도로 업무량에 비해 보수가 낮은 편이다. 하지만 정책적으로 노인 관련 예산이 늘어나고 있으며, 노인 전문 상담 인력에 대한 처우도 점진적으로 개선될 것으로 기대된다.

이 직업은 학력이나 전공과 관련하여 특별히 까다로운 제한은 없다. 다만 상담 업무이므로 (전문)대학 등의 관련 학위가 있으면 업무 수행이 좀 더 원활할 수 있다. 교육이나 강의 업무를 수행하기 위해서는 기초적인 컴퓨터 활용 능력이 요구되며, 심리·교육·사회복지 분야의 지식이 필요하다.

따라서 관련 자격증이 있으면 취업에 도움이 된다. 노인전문상담가와 관련한 다수의 민간자격이 있으며, 자격과 연계된 교육 프로그램도 많다. 업무와 관련된 경력이나 직무 능력이 부족한 경우에는 교육훈련을 통하여 직무 능력을 향상시키면 된다.

어떤 훈련과 자격증이 필요할까?

- **정규교육** : 특별한 정규교육은 필요 없으나, 상담 및 심리·교육 전공자가 유리함.
- **직업훈련** : 노인 상담 관련과 연계된 교육훈련 과정이 다수 있음.
- **국가자격** : 사회복지사
- **민간자격** : 노인심리상담사(등록), 노인운동지도사(등록), 노인건강프로그램지도자(등록), 노인여가활용지도사(등록) 등이 일부 연관됨.

직업훈련과 자격증 취득 정보는 수시로 변동되어 정확한 정보를 제공하기 힘들므로 다음 사이트를 참조하기 바람.
직업훈련 : HRD-Net(www.hrd.go.kr) / **자격증** : 큐넷(www.q-net.or.kr), 민간자격 정보서비스(www.pqi.or.kr)

| 한눈에 보는 직업별 통계 |

요구 학력	직업 규제	소득 수준	경단취업적합도	직업 전망
❀	❀	❀	❀❀❀❀	❀❀❀❀❀

동물원큐레이터
동물을 위한 동물원을 디자인하다

JOB 05

이런 동물 이름을 들어보았는지? 시베리안호랑이, 레서판다, 사막고양이, 그리고 영화 〈라이온 킹〉에 나온 맨드릴 등등. 이 동물들은 바로 지구에서 사라져가고 있는 멸종 위기 동물들이다.

이제 동물원은 더 이상 동물에 대한 인간의 호기심을 채우는 곳만은 아니다. 여러 가지 이유로 사라져가는 동물을 보호하는 장소이기도 하다. 그동안 인간의 관람을 위해 동물들을 좁은 우리에 가둬놓았던 동물원들이 요즘은 동물의 입장에서 재설계되고 있다.

이런 관점이 반영된 대표적인 동물원이 서울동물원이다. 서울대공원 내에 있는 서울동물원에는 동물원큐레이터가 활약하고 있다. '동물원큐레이터'는 미술관에서 전시회를 기획하고 작품을 수집하고 관리하는 미술관큐레이터와 비슷한 일을 하는 사람이라고 생각하면 이해하기가 쉽다. 다만 그 대상이 미술품에서 동물로 바뀌었다고 보면 된다.

동물원큐레이터는 동물과 인간의 중재자라 할 수 있다. 동물원큐레이터는 직접 동물을 다루는 일에서부터 동물과 관련한 전시 기획, 동물원 설계, 그리고 동물학자와 생물학자 등의 학술적인 업무도 수행한다.

동물원큐레이터가 주로 하는 일은 다음과 같다. 첫째, 신규 동물 입양 및 사육 활동 감독, 둘째, 동물 서식 우리의 개발 및 수리, 셋째, 동물 서식 우리의 최적화된 환경 조성, 넷째, 새로운 전시 기획, 다섯째, 특정 주제의 전시를 위한 자료 수집과 조사, 아이디어 회의 수행, 여섯째, 기획안에 따른 전시 동물 선정, 일곱째, 전시 업체 및 사업 용역에 대한 관리 감독, 여덟째, 전시 프로그램에 맞는 동물 이용 시설의 배치, 아홉째, 신규 사육사 및 동물원큐레이터 교육 등이다.

일반적으로 동물원큐레이터의 근무 시간은 아침 9시에서 저녁 6시까지이다. 동물원마다 다르지만, 여름철에는 돌아가면서 야간 근무를 하는 곳도 있다. 관람객이 많은 주말에 출근하여 업무를 보기도 한다. 임금 수준은 동물원의 운영 주체와 유형, 규모, 경력에 따라 다르지만 보통 약 3000만 원에서 6000만 원 사이에서 형성된다.

동물원큐레이터가 되려면 최소 전문대학 이상의 학력이 필요하며, 정규교육을 받았거나 국가자격 등이 있어야 한다. 그러나 해당 분야의 자격증보다 중요한 것은 경험이다. 특히 판다나 치타 같은 특수 동물의 경우, 이들 동물을 사육하거나 관리한 경험이 있는 사람이 많지 않으므로 학력이나 자격보다 경험을 더 중시한다. 따라서 단기 교육훈련으로는 동물원큐레이터가 되기 어렵다.

그리고 보고서를 작성할 정도의 컴퓨터 활용 능력이 필요하며, 동물이나 행사 기획에 대한 경험이 있어야 한다. 또한 동물의 종 관리를 위해 해외 기관과 교류를 많이 하고, 외국의 풍부한 동물원 관련 자료를 읽고 이해하기 위해서는 영어를 잘하는 것이 좋다.

어떤 훈련과 자격증이 필요할까?

- **정규교육** : 전문대학 이상의 학력이 요구되며, 생물학·생명공학·생태학·수의학·축산학 전공자가 유리함.
- **직업훈련** : 특별한 직업훈련이 없다.
- **국가자격** : 수의사, 축산기능사, 가축인공수정사
- **민간자격** : 반려동물관리사(등록), 동물매개심리상담사(등록), 동물교감상담사(등록) 등

자격증 취득 정보는 수시로 변동되어 정확한 정보를 제공하기 힘들므로 다음 사이트를 참조하기 바람.
자격증 : 큐넷(www.q-net.or.kr), 민간자격 정보서비스(www.pqi.or.kr)

| 한눈에 보는 직업별 통계 |

요구 학력	직업 규제	소득 수준	경단취업적합도	직업 전망
❋❋❋	❋❋	❋❋❋	❋❋❋	❋❋❋

디스플레이디자이너
매력적인 배치로 매출을 끌어올려라

여성들 가운데 인테리어에 특별히 관심이 많은 사람이 있다. 이런 사람은 가구 배치는 물론 소품 배치까지 꼼꼼하게 챙기고, 벽지와 조명 그리고 커튼의 조화를 세심하게 따진다. 침구류와 방의 구도 등 실내 인테리어뿐만 아니라 서재의 책과 접시 진열에 이르기까지, 용도와 공간의 조화를 꼼꼼히 고려해 위치를 정하는 사람에게 적합한 직업이 디스플레이전문가이다.

디스플레이디자이너는 판매 공간, 즉 매장의 전시 상품을 진열하는 사람을 말한다. 비주얼머천다이저(Visual Merchandiser, VMD), 디스플레이어라고 부르기도 한다. 이와 유사한 직업으로 쇼윈도디스플레이디자이너, 상품연출전문가, 상품코디네이터 등이 있다.

디스플레이디자이너는 다음과 같은 일을 한다. 첫째, 진열 상품 및 매장의 특징을 분석한다. 둘째, 콘셉트를 정하고 매장의 점주와 진열 방법을 논의한다. 셋째, 정해진 콘셉트에 따라 제품을 진열

한다. 넷째, 제품 진열 외에도 조명, 문구, 마네킹 등과 같은 소품들을 조화롭게 배치한다. 다섯째, 판매를 촉진할 수 있는 방법을 조언한다.

제품의 디스플레이는 판매에 많은 영향을 미치므로 점포를 운영하는 사람들은 디스플레이에 많은 관심을 가진다. 제품별로 디스플레이 방법이 크게 다르므로 경험이 중요하다. 임금은 일반적으로 대기업의 경우, 신입사원 기준으로 인센티브를 제외한 기본급이 2500만 원 선, 중소기업의 경우 2000만 원 선에서 형성된다.

디스플레이는 정규교육이나 이론보다 경험과 감각이 중요하므로 인턴이나 아르바이트로 일을 시작하는 사례가 많다. 물론 이런 경우에는 임금이 매우 낮다. 임금을 결정하는 가장 중요한 요소는 디스플레이 실력이다. 매출과 직결되므로 능력이 뛰어난 디스플레이디자이너는 몸값이 높다. 이들은 주로 백화점과 대기업 등의 디스플레이 기획부서 등에서 근무하지만, 프리랜서나 개인 자영업의 형태로 일하기도 한다.

디스플레이디자이너가 되기 위해서는 전문대학 이상의 학력이 요구되며, 실내디자인, 의상학, 심리학 등의 전공이 도움이 된다. 포토샵, 일러스트레이터 같은 프로그램을 다룰 수 있어야 하고 웹디자인, 그래픽스 등의 컴퓨터 활용 능력도 요구된다. 하지만 이 일은 제품의 특성과 매장의 환경에 따라 진열 방법의 차이가 크기 때문에 경력이 가장 중요하다.

만약 경험이 없다면, 자격증과 연계된 다수의 교육 프로그램을 통하여 직업 능력을 향상할 수 있다. 관련 자격증으로는 국가기술자격으로 시각디자인산업기사, 컴퓨터그래픽스운용기능사, 패션머천다이징산업기사가 있다. 패션머천다이징산업기사의 경우 의류에 한정되는 것이어서 다른 분야에는 적용되기 어렵다. 참고로 국비가 지원되는 교육훈련 프로그램도 있으니 교육 시설에 확인해보기 바란다.

관련 단체로는 한국디자인진흥원(www.designdb.com), 한국시각정보디자인협회(www.vidak.or.kr) 등이 있다.

어떤 훈련과 자격증이 필요할까?

- **정규교육** : 전문대학 이상의 학력이 요구되며, 실내디자인, 의상학과, 심리학 등의 전공자가 다소 유리함.
- **직업훈련** : 패션머천다이징산업기사, VMD 등의 자격 교육훈련 과정이 있음.
- **국가자격** : 시각디자인산업기사, 컴퓨터그래픽스운용기능사, 패션머천다이징산업기사 등
- **민간자격** : 매장관리매니저(등록), 비주얼머천다이저(등록), 샵마스터(부분공인) 등

직업훈련과 자격증 취득 정보는 수시로 변동되어 정확한 정보를 제공하기 힘들므로 다음 사이트를 참조하기 바람.
직업훈련 : HRD-Net(www.hrd.go.kr) / **자격증** : 큐넷(www.q-net.or.kr), 민간자격 정보서비스(www.pqi.or.kr)

| 한눈에 보는 직업별 통계 |

요구 학력	직업 규제	소득 수준	경단취업적합도	직업 전망
❀❀❀	❀❀	❀❀❀	❀❀❀❀	❀❀❀❀❀

문화예술교육사
대중에게 다가가는 문화예술 전달자

JOB 07

2012년 문화예술 소외계층과 수요자들에게 보다 양질의 문화예술 서비스를 제공하기 위해서 문화예술교육사 자격제도가 도입되었다. 문화예술교육사는 미술, 음악, 무용, 연극, 영화, 국악, 사진, 만화·애니메이션, 디자인, 공예 등 10개 분야의 전문가들이 문화예술을 일반인에게 체계적으로 전수 혹은 교육하는 일을 한다.

문화예술교육사가 하는 주된 업무는 다음과 같다. 먼저 문화예술 교육 현장과 정책에 관한 기획 및 분석 등의 업무를 한다. 둘째, 기획된 문화예술 정책 및 교육 프로그램을 진행하고 운영한다. 셋째, 기존 정책 및 프로그램에 대한 평가 업무를 담당한다. 넷째, 문화예술 교육 지원과 협력 기관과의 파트너십을 구축한다. 다섯째, 문화예술 장려 및 수강생 능력 향상을 위한 상담 업무를 담당한다.

최근 문화예술 관련 시설이 증가하고 있다. 예를 들어 정책지원 영역(문화재단 등), 평생교육 시설, 학교, 주민자치센터, 사회복지 시설, 국공립도서관, 국공립미술관, 문화의집, 전수회관 등이 대표적이다. 문화예술교육사는 문화예술교육 지원법령에 따라 이런 문화예술 단체에 배치될 수 있으며, 또한 각종 문화예술 관련 민간기관과 대학에서도 활용될 전망이다. 이처럼 민간 영역의 취업도 가능하지만, 공공기관 관련 취업이 상대적으로 많다. 근무 조건과 급여는 근무 기관 및 직무 수준에 따라 차이가 있다.

문화예술사의 경우 특히 미술, 음악, 디자인 등 문화예술 관련 전공자가 취업에 유리하다. 문화예술교육사가 되려면 국가자격인 문화예술교육사 1급 또는 2급을 반드시 취득하여야 한다. 1급은 전공자 및 경력자를 위한 것이며, 2급의 경우 전공자가 아닌 사람들도 접근할 수 있다. 1급은 박물관, 공연장 등의 공공 교육 프로그램을 기획하고 관리하는 일을 한다. 2급은 학교나 주민센터 등에서 교육 강사 일을 한다.

(전문)대학에서 미술, 음악, 무용, 연극, 영화, 국악, 사진, 만화·애니메이션, 디자인, 공예를 전공한 졸업생은 5과목 10학점을 이수하면 2급 교육 과정을 이수할 수

있다. 반면 고졸이나 비전공자는 15과목 40학점을 이수하면 된다. 2급 자격증을 딴 후 1급 교육과정을 이수하거나 2급 자격 취득 후 문화예술교육 경력이 5년 이상이면 1급 자격증을 취득할 수 있다.

2급 자격은 지정 교육기관의 교육 과정을 이수하면 취득할 수 있는데, 전국의 4년제 대학 가운데 문화예술교육원이 설치된 곳에서 교육이 이루어진다. 10개 문화예술 분야, 즉 미술, 음악, 무용, 연극, 영화, 국악, 사진, 만화·애니메이션, 디자인, 공예를 모든 곳에서 다 다루는 것은 아니므로 자신의 관심 분야에 대한 교육이 이루어지는 곳을 선택해야 한다.

교육 과정과 자격증에 대한 상세한 정보는 한국문화예술교육진흥원의 공식 홈페이지인 문화예술교육사(acei.arte.or.kr) 사이트에서 얻을 수 있다.

어떤 훈련과 자격증이 필요할까?

- **정규교육** : 낮은 수준의 직무인 경우 전공 제한은 없으나, 문화예술 관련 전공자가 유리함.
- **직업훈련** : 문화예술지원교육사 관련 지정 교육기관에서 운영하는 교육 과정
- **국가자격** : 문화예술교육사 1급, 2급

직업훈련과 자격증 취득 정보는 문화예술교육사(acei.arte.or.kr) 사이트를 참조하기 바람.

| 한눈에 보는 직업별 통계 |

요구 학력	직업 규제	소득 수준	경단취업적합도	직업 전망
✽✽✽	✽✽✽	✽✽✽	✽✽✽✽	✽✽✽✽✽

병원코디네이터
환자와 병원을 조화롭게 연결시켜라

근래 직업의 세계에서 '코디네이터'란 단어가 널리 쓰이고 있다. 사전적 의미로 코디네이터는 조화롭게 꾸미거나 관리하는 사람을 말한다. 따다 붙이기 좋은 용어여서 그런지, 많은 직업 명칭 앞에 가져다 활용하는 것이 요즘의 추세다. 예를 들어 병원코디네이터, 푸드코디네이터, 뷰티코디네이터, 패션코디네이터, 서비스코디네이터, 정리코디네이터, 실버코디네이터, 컬러코디네이터 등 다양한 직업에 응용되고 있다.

이 가운데 병원코디네이터는 환자 상담과 사후 관리, 직원에 대한 친절 서비스 교육 등 병원 이미지를 개선하는 일에서부터 기획과 마케팅 업무 전반을 담당한다. 특히 진료 전후 상담을 통해 환자들에게 심리적 안정을 주고, 환자가 진료에 적극적으로 참여할 수 있도록 돕는다. 한마디로 환자와 의료진 사이를 연결하는 매개 역할을 하는 사람이다. 병원코디네이터를 '병원서비스매니저'라고 부르기도 한다.

병원코디네이터가 담당하는 주요 업무는 다음과 같다. 첫째, 환자 상담과 사후 관리, 병원 관련 안내와 이미지 제고, 둘째, 진료 계획 수립과 병원 서비스 품질 관리, 셋째, 고객의 불만 사항 관리, 넷째, 의사 – 직원 – 고객 사이의 스케줄 및 낮은 갈등 관계 조정, 다섯째, 병원 경영 개선 관련 마케팅, 여섯째, 직원 교육 기획 및 지식 경영 관리, 일곱째, 기타 병원 서비스 향상 관련 업무 등이다.

요즘은 직장인뿐만 아니라 일반인을 대상으로 한 정기 건강검진이 일반화되는 등 의료 수요가 크게 증가하고 있다. 정부도 치료보다 선제적 예방에 중점을 두고 보건 의료 정책을 실시하고 있다. 그리고 고령사회로 진입함에 따라 의료비 지출도 증가하고, 관련 산업 규모도 크게 성장하고 있다. 한류로 인한 의료 관광 역시 증가하고 있다. 이런 사회적 변화 속에서 병원코디네이터에 대한 수요도 계속 늘어나고 있다. 주로 병원에서 근무하지만, 의료 컨설팅 기관이나 실버타운 등에도 취업할 수 있다.

병원코디네이터는 다른 사람과 대화하는 일이 많으므로 언어 능력과 대인관계 능력이 필요하다. 상냥하고 친절한 성격을 가진 사람에게 어울리는 직업이다. 그리고 수납 및 예약 관련 업무도 담당하므로 꼼꼼한 성격도 필요하다. 아울러 기초적인 의료 및 의약 용어 지식을 갖추어야 한다. 간호사, 치과위생사, 간호조무사 등 의료 관련 기관에서 일한 경험이 있으면 일하는 데 많은 도움이 된다.

병원코디네이터가 되려면 고졸 이상의 학력이 요구된다. 경력 단절 여성에 대한 차별은 없으나, 간호조무사, 간호사 등의 국가자격이 취업에 중요한 역할을 한다. 만약 이 분야 경험이나 자격이 없다면 자격과 연계된 교육훈련을 통하여 기술이나 기능을 갖추는 것이 좋다. 업무를 수행하는 데 컴퓨터 활용 능력이 필요하나 그다지 높은 수준을 요구하지는 않는다.

사설 교육기관이나 대학교의 보건의료 관련 학과에서 병원코디네이터 양성을 위한 교육을 진행하고 있다. 교육훈련 시 국비 지원 혜택을 받을 수 있다. 관련 단체로는 병원코디네이터협회(www.hcakorea.org), 대한병원코디네이터협회(www.khca.or.kr) 등이 있다.

어떤 훈련과 자격증이 필요할까?

- **정규교육** : 고졸 이상의 학력이면 가능하나, 의료보건 관련 학과인 간호학과, 보건학과 등을 전공하면 유리함.
- **직업훈련** : 병원코디네이터 관련 교육훈련 과정이 다수 존재함.
- **민간자격** : 병원코디네이터(등록) 등

직업훈련과 자격증 취득 정보는 수시로 변동되어 정확한 정보를 제공하기 힘들므로 다음 사이트를 참조하기 바람.
직업훈련 : HRD-Net(www.hrd.go.kr) / 자격증 : 큐넷(www.q-net.or.kr), 민간자격 정보서비스(www.pqi.or.kr)

| 한눈에 보는 직업별 통계 |

요구 학력	직업 규제	소득 수준	경단취업적합도	직업 전망
❀❀	❀❀	❀❀	❀❀❀❀	❀❀❀❀

보육교사
내 아이를 돌보듯 사랑으로

'밭 맬래? 애 볼래? 하고 물으면 밭을 맨다.'는 옛말이 있다. 그만큼 애 보기가 힘들다는 것이다. 애 보기는 얼핏 보기엔 쉬운 일처럼 보이지만, 전해 내려오는 옛말처럼 결코 만만하지가 않다.

보육교사는 애 보는 게 주된 일인 직업이다. 주부들이 손쉽게 접근할 수 있는 직업이기도 하다. 보육교사는 영유아의 성장과 발달 과정에 대한 이해와 교육적 측면의 지식을 갖춘 전문가로, 영유아의 신체적·사회적·정서적·지적 발달이 균형 있게 이루어질 수 있도록 교육 방법을 연구하고 적용한다. 참고로 보육교사와 유사한 일을 하는 직업으로 복지시설 생활지도원, 사회복지사 등이 있다.

보육교사가 수행하는 주요 업무는 다음과 같다. 첫째, 양육의 보충적 역할을 수행하며 교육을 실시한다. 둘째, 영유아의 건강 상태와 발육 경과를 계속 관찰하고 보고한다. 셋째, 연령과 발육 정도에 따라 연간 및 일일 보육 계획을 수립한다. 넷째, 영유아의 식사, 목욕,

용변 등의 생활 습관을 지도한다. 다섯째, 영유아에게 필요한 물품을 관리하고 주변 환경을 정리 정돈한다.

지금까지는 정부의 보육 정책 강화와 경제활동에 참여하는 여성들의 수가 늘어남에 따라 보육 수요가 증가해왔다. 그러나 앞으로는 저출산으로 인한 아동 수의 감소로 장기적으로는 보육 수요가 줄어들 것으로 예상된다.

동일한 일을 수행할지라도 국·공립 어린이집과 민간 어린이집 보육교사 사이의 임금 격차가 매우 크다. 경력이 쌓이면 어린이집 개원 등의 자영업도 가능하다. 그러므로 장차 어린이집을 운영할 생각이 있다면 장기적 관점에서 재취업 대상으로 고려하면 좋은 직업이다. 어린이집은 정부 지원금이 많으므로, 정부 정책 및 보육시설 지원 제도의 변화를 잘 살펴볼 필요가 있다.

이 직업의 종사자는 여성이 대부분이다. 연령대는 20대부터 50대까지 다양하지만, 30~40대가 가장 많다. 경력 단절 여성에 대한 차별은 없으나, 고졸 이상의 학력과 보육교사 자격증이 필요하다.

1급, 2급, 3급이 있는데, 3급 자격증은 고등학교를 졸업한 사람이 여성가족부령이 정하는 교육훈련 시설에서 소정의 교육 과정을 수료하면 자격을 취득할 수 있다. 2급의 경우 전문대학 이상의 학교를 졸업한 사람이 보육 관련 교과목을 이수하고 졸업하거나, 3급 자격을 취득한 후 2년 이상 보육 업무 경력이 있는 사람으로서 보건복지부 장관이 정하는 승급 교육을 받으면 취득할 수 있다. 1급은 2급 자격을 취득한 후 3년 이상 보육 업무 경력이 있는 사람으로서 보건복지부 장관이 정하는 승급 교육을 받거나, 2급 자격을 취득한 후 보육 관련 대학원에서 석사학위를 취득하고 1년 이상 보육 업무 경력이 있는 사람으로서 보건복지부장관이 정하는 승급 교육을 받으면 취득할 수 있다.

관련 단체로는 (재)한국보육진흥원(www.kcpi.or.kr)이 있다. 보건복지부(www.mw.go.kr)도 참고하면 유용하다.

어떤 훈련과 자격증이 필요할까?

- **정규교육** : 고졸 이상의 학력이면 가능하나, 보육 관련 교과목 이수자나 관련 전공자가 유리함.
- **직업훈련** : 다수의 보육 관련 교육훈련이 존재함.
- **국가자격** : 보육교사 자격증

직업훈련과 자격증 취득 정보는 수시로 변동되어 정확한 정보를 제공하기 힘들므로 다음 사이트를 참조하기 바람.
직업훈련 : HRD-Net(www.hrd.go.kr) / **자격증** : 큐넷(www.q-net.or.kr), 민간자격 정보서비스(www.pqi.or.kr)

| 한눈에 보는 직업별 통계 |

요구 학력	직업 규제	소득 수준	경단취업적합도	직업 전망
●●	●●●	●●	●●●●●	●●●●

빛디자이너

예술적 감각으로 조명에 아름다움을 불어넣다

요즘은 공원이나 다리(교량)의 조명, 그리고 실내의 무드 조명이 인기다. 이제 조명은 단순히 어둠을 몰아내는 실용적 목적을 떠나 아름다움을 전하는 전령사가 되고 있다. 외국 관광객의 명소인 명동의 거리와 빌딩은 밤마다 오색찬란한 빛의 향연을 보여준다. 또 한류 스타의 공연 무대는 가수들의 매혹적인 몸짓에 어울리는 화려한 조명으로 탄성을 자아낸다.

내 손으로 그런 작품을 만들어보고 싶다면 빛디자이너가 되어보라. 빛디자이너는 전구와 조명장치를 이용해 불길한 어둠을 빛의 아름다움으로 승화시키는 일을 한다.

예전에는 백열등이나 형광등이 주된 조명이었으나 요즘은 LED 조명으로 진화하고 있으며, 각종 전자장치와 결합되어 화려한 표현이 가능하다. 빛디자이너는 건축물이나 구조물과 관련된 경관 인테리어 전문가와 오페라와 콘서트 등에서 활용되는 공연 인테리어 전문가로 구분될 수 있다.

　빛디자이너가 수행하는 주요 업무는 다음과 같다. 첫째, 공연 또는 설치 목적을 파악하고 소모 전력량 등을 고려하여 조명기구와 매칭시킨다. 둘째, 설치 목적에 맞는 빛의 종류를 선택한다. 셋째, 설치 구상 및 디자인을 한다. 넷째, 조명기구를 계획대로 설치한다. 다섯째, 빛의 강도와 조명기구 위치 등을 수정한다. 여섯째, 사전 테스트와 A/S(공연의 경우는 A/S 없음)를 실시한다.

　빛디자이너는 빛을 머릿속으로 디자인한 뒤 구체적으로 어떻게 실행에 옮길 것인지 구상할 수 있어야 하므로 예술적 감각과 더불어 기술적인 지식을 갖추어야 한다. 특히 조명기구 조작을 위한 컴퓨터 소프트웨어, 색채 이론, 그래픽과 전기에 관한 넓고 깊은 지식이 필요하다. 또한 빛 관련 기술의 최신 트렌드에 발맞출 수 있도록 지속적으로 공부를 해야 한다.

　직업의 특성상 기술과 기능을 중시하므로 손 기술이 필요하며, 단순히 취미로 접근하기는 어렵다. 조명기구에 대한 지식과 미적 감각이 있는 경력 단절 여성이라면 한번 도전해보기 바란다. 고졸 이상의 학력이면 누구나 가능하지만 전기나 실내 건축인테리어 전공자가 다소 유리하다. 아직 잘 알려지지 않은 직업이므로 직접적으로 연관된 신뢰할 만한 교육 프로그램 및 자격증은 없다. 따라서 유사한 자격의 취득과 교육 훈련 프로그램을 통해 직무 능력을 기를 필요가 있다.

빛디자이너는 대개 건축 회사나 엔지니어링 회사에 소속되어 공연 및 이벤트 관련 회사의 전기기술자와 협업하여 업무를 수행한다. 하지만 프리랜서로도 활동할 수 있으며, 창업도 가능하다.

어떤 훈련과 자격증이 필요할까?

- **정규교육**: 고졸 이상의 학력이면 가능하나, 산업디자인·전기·(실내)건축 전공자가 유리함.
- **직업훈련**: 조명 전문 직업훈련은 별로 없음. 실내인테리어 교육 과정에서 조명에 대해 배움.
- **국가자격**: 실내건축기능사
- **민간자격**: LED조명설비사(등록) 등

직업훈련과 자격증 취득 정보는 수시로 변동되어 정확한 정보를 제공하기 힘들므로 다음 사이트를 참조하기 바람.
직업훈련: HRD-Net(www.hrd.go.kr) / **자격증**: 큐넷(www.q-net.or.kr), 민간자격 정보서비스(www.pqi.or.kr)

| 한눈에 보는 직업별 통계 |

요구 학력	직업 규제	소득 수준	경단취업적합도	직업 전망
✿✿	✿✿	✿✿	✿✿✿✿	✿✿✿✿

상품판매원

뭘 살까? 당신의 선택을 도와드려요

1994년 〈사랑을 그대 품안에〉라는 드라마가 대히트를 쳤다. 많은 여자들의 로망인 신데렐라 스토리를 담은 로맨스 드라마였다. 이 드라마로 신인 탤런트 차인표가 한 방에 뜨게 되었다. 드라마의 시청률도 높았지만, 이국적 외모에 눈에 띄는 스펙 등으로 스타 반열에 올랐다. 그와 호흡을 맞춘 여자 주인공은 탤런트 신애라였다. 여기서 차인표의 극중 역할은 백화점 관련 로열패밀리이며, 신애라는 백화점 상품판매원이었다.

백화점 임원은 드라마에는 자주 등장하지만, 실제로 우리 주변에서는 잘 볼 수 없다. 하지만 상품판매원은 흔히 만나볼 수 있다. 그만큼 일자리가 많다는 이야기이다. 상품판매원은 백화점 외에도 면세점, 대형마트, 슈퍼마켓, 편의점, 일반 상점 등 다양한 상품 매장에서 볼 수 있다.

상품판매원이 수행하는 주요 업무는 다음과 같다. 첫째, 판매 상품의 가격 및 특성 파악, 둘째, 고객 요구 시 상품에 대한 설명 및 추천, 셋째, 판매 상품 진열, 가격표 부착 및 정리 정돈, 넷째, 구매 상품에 대한 계산 및 영수증 발급, 다섯째, 필요한 경우 구매 상품에 대한 포장, 여섯째, 부족 물품 보충과 반품 처리, 일곱째, 필요한 경우 고객 정보 관리, 고객 반응 점검 후 관련자에게 전달 등이다.

어떤 매장에서 일하든 상품판매원이 하는 업무는 대개 비슷하지만, 어디서 일하느냐에 따라 소득은 크게 차이가 난다. 가령 편의점 판매원의 경우 최저임금 수준의 급여를 받는 대표적 직업이며 밤샘 야근도 해야 한다. 반면 백화점 등에서 근무하는 능력급 판매원(매출액에서 비례해서 급여를 받음) 중에서 실적이 우수한 사람은 매우 높은 소득을 올리기도 한다.

상품판매원 종사자는 판매 상품과 장소에 따라 연령층이나 성별이 달라진다. 예를 들어 명품 매장이나 면세점의 경우 젊은 여성 판매원이 많지만, 대형마트의 경우에는 40~50대 여성 판매원이 많다. 최근에는 TV홈쇼핑, 온라인쇼핑, 해외 직접 구매 등으로 인해 예전에 비해 상품판매원의 수요가 감소하고 있는 실정이다.

상품판매원은 외향적이고 친절한 성격을 지닌 사람에게 적합한 직업이며, 주말에 바쁘기 때문에 주로 평일에 쉰다. 서서 일하는 시간이 많고, 청소와 물건 정리 등을 해야 하므로 육체적으로 힘이 든다. 하지만 무엇보다 힘든 점은 이른바 '갑질'하는 손님들을 응대하는 일이다.

이 일자리는 특별한 학력 제한이 없고 경력 단절 여성에 대한 차별도 없다. 다만 판매 경험이 중시되며, 면세점과 같은 특별한 판매점에서는 외국어 능력이 필요하다. 만약 판매 경험이 없다면, 상품 관련 기업 등에서 제공하는 간단한 교육훈련으로 능력을 갖출 수 있다.

참고로 상품판매원을 모집한다는 인터넷 구인 광고 중에는 다단계 판매나 단기간 고소득을 보장한다는 일자리가 많이 올라와 있다. 이런 광고에 함부로 현혹되지 않도록 주의하고, 꼼꼼히 잘 따져 보아야 한다.

어떤 훈련과 자격증이 필요할까?

- **정규교육** : 학력 제한 없음.
- **직업훈련** : 특별한 교육훈련 없이 업무 수행 가능함.
- **민간자격** : 판매상담전문가(등록), 판매관리사(등록) 등

직업훈련과 자격증 취득 정보는 수시로 변동되어 정확한 정보를 제공하기 힘들므로 다음 사이트를 참조하기 바람.
자격증 : 큐넷(www.q-net.or.kr), 민간자격 정보서비스(www.pqi.or.kr)

| 한눈에 보는 직업별 통계 |

요구 학력	직업 규제	소득 수준	경단취업적합도	직업 전망
✿	✿	✿✿	✿✿	✿✿

생태어메니티전문가
농촌, 산촌, 어촌도 관광자원이다

생태어메니티란 단어는 무척 생소하게 들릴 것이다. '어메니티(amenity)'는 '기쁨'이라는 뜻을 지닌 라틴어 '아모에니타스'에서 유래했다. 우리가 살아가는 자연적 생활 터전, 즉 기후, 토양, 환경, 역사, 문화 등이 깃든 장소로부터 느끼는 쾌적함을 의미한다고 이해하면 되겠다.

생태어메니티전문가는 농촌, 어촌, 산촌 지역의 발전을 위하여 쾌적한 자연 환경, 풍경, 유물이나 역사적 소재 등 친환경적인 어메니티 자원을 살려서 관광 장소로 개발한 후 이를 브랜드화하여 부가가치를 창출하는 직업이다. 이들 업무의 대표적인 사례로 함평 나비 축제와 남해 다랭이 마을 프로그램을 들 수 있다.

이들이 수행하는 주요 업무는 다음과 같다. 첫째, 농·어촌의 어메니티 관련 제도 및 정책 연구(공무원, 공공기관 해당), 둘째, 지역주민의 어메니티 자원 개발 지원 및 컨설팅, 활성화 사업 참여(민간기구,

NGO에 해당), 셋째, 지역 현황에 맞는 아이템 선정, 넷째, 아이템에 대한 타당성 검토 및 지역 주민 의견 수렴, 다섯째, 소요 비용과 구체적 사업 내용 검토, 계획 수립 및 설명, 여섯째, 농촌 관광 관련 지역 주민 교육, 일곱째, 지역 토지 이용 계획 수립 및 지역 부동산 개발, 여덟째, 세부 콘텐츠 마련 및 사업 종료, 아홉째, 사업에 대한 평가와 홍보 등이다.

일반적으로 주 5일 가운데 대략 절반은 사무실에서 자료 조사 및 분석을 하고, 나머지 절반은 현장 답사를 위해 교외 등의 실외에서 현장 근무를 한다. 근로 시간 단축과 웰빙에 대한 욕구 증대, 고령화에 따른 여가 시간 증가 등으로 농촌 체험마을, 농촌전통테마마을, 자연 생태마을, 팜스테이 등이 증가하고 있다. 이런 추세에 따라 관련 산업과 일자리는 꾸준히 증가할 전망이다.

생태어메니티 전문가의 근무 환경 및 시간, 소득은 상황에 따라 다르다. 농촌 및 어촌 주민들이 낮에는 농사일을 하므로 이에 맞추어 밤에 일할 수도 있다. 중앙정부나 지방자치단체의 연구직 공무원 또는 지역개발 연구소의 연구원으로서 어메니티 관련 정책 개발 및 제도적 지원 업무를 수행할 수도 있고, NGO 직원으로서 다양한 비영리 사업을 수행할 수도 있다. 민간 컨설팅 업체에서 근무하거나 프리랜서로 활동하는 경우도 있다.

생태어메니티전문가는 지역 주민과 원활한 소통을 할 수 있어야 하고, 지역의 숨겨진 자원을 발굴하고 개발해야 하므로 기획력과 추진력이 필요하다. 새로 생겨난 직업이므로 도전 정신이 있어야 하며, 사람과 자연을 연결하는 일을 하므로 자연친화적 유형이 적합하다. 전공 제한은 없으나, 농업 관련 전공자가 유리하다. 농업 관련 자격증은 도움이 되나 필수 사항은 아니다. 사무실에서 작업할 일도 많으므로 컴퓨터를 활용할 줄 알아야 한다. 신생 직업이어서 관련 교육 훈련이나 정보가 많지 않다. 국립생태원(www.nie.re.kr)의 교육 정보 등이 도움이 된다.

어떤 훈련과 자격증이 필요할까?

- **정규교육** : 전문대학 이상의 학력이 요구되며, 농업교육, 관광·농경제·지역개발·조경학 전공자가 유리함.
- **직업훈련** : 생태어메니티 관련 교육훈련은 많지 않음.
- **직업자격** : 특별한 직업자격은 없음.

직업훈련은 국립생태원의 생태어메니티 관련 교육 정보를 참조하기 바람.

| 한눈에 보는 직업별 통계 |

요구 학력	직업 규제	소득 수준	경단취업적합도	직업 전망
✿✿✿	✿✿	✿✿	✿✿✿✿✿	✿✿✿✿

안내 및 접수사무원
네 고객님, 무엇을 도와드릴까요?

안내 및 접수사무원의 업무는 단순하지만, 대상 및 주제에 따라 다양한 특성이 있다. 가령 현장 접수 및 안내의 경우 외모를 고려하여 채용하는 반면, 콜센터처럼 전화로 안내하는 경우에는 외모보다 목소리 좋은 사람을 선호한다. 안내 및 접수사무원은 각종 민원이 발생하는 공공기관, 백화점, 택배회사, 항공사, 홈쇼핑, A/S센터, 신용카드사 및 보험사 등 매우 다양한 분야에서 일한다. 단순 반복적인 업무가 많으며, 서서 일하는 경우가 많아 육체적으로 어려움이 따른다.

안내 및 접수사무원이 하는 일은 다음과 같다. 첫째, 고객이나 방문객들에게 정보를 제공한다. 둘째, 시설 안내원은 방문객을 접대하고, 그들의 편의를 위하여 편의시설 등을 안내한다. 셋째, 온·오프라인상으로 각종 문의 및 불편, 불만 사항을 접수하고 처리 절차를 안내한다. 넷째, 숙박업소에 종사하는 전화교환원은 고객이 요청할 경우 모닝콜 업무를 수행한다. 다섯째, 병원에 근무하는 경우에는 예약 및 안내 업무를 수행한다.

대개 특정한 행사 기간 동안 단기 아르바이트 형태로 일하지만, 장기간에 걸쳐 일하는 경우도 있다. 근래에는 전화로 각종 문의에 응하고 불편 사항을 처리하는 콜센터도 많아졌다. 콜센터는 출근하는 경우와 재택근무로 나뉜다. 거주 지역에서 일자리를 쉽게 찾을 수 있으며, 학력 제한이 없고 특별한 자격증이나 경력도 요구하지 않아서 경력 단절 여성이 일자리를 구하기가 쉽다. 소득은 최저임금을 조금 상회하는 수준이다. 하지만 전문성이 높거나 대기업에 소속되어 일하는 경우에는 이보다 높다. 기초적인 컴퓨터 활용 능력이 필요하며, 콜센터의 경우 일정 속도 이상의 타이핑 실력이 필요하다. 또 직무 특성상 젊은 인력을 요구하는 분야도 있다.

어떤 훈련과 자격증이 필요할까?

- **정규교육** : 대부분 학력 제한 없음.
- **직업훈련** : 특별한 교육훈련 없이 업무 수행이 가능함.
- **국가자격** : 텔레마케팅관리사 등이 다소 연관됨.
- **민간자격** : 병원진료접수매니저(등록), 전화상담지도사(등록), 고객응대전문가(등록) 등이 다소 연관됨.

자격증 취득 정보는 수시로 변동되어 정확한 정보를 제공하기 힘들므로 다음 사이트를 참조하기 바람.
자격증 : 큐넷(www.q-net.or.kr), 민간자격 정보서비스(www.pqi.or.kr)

한눈에 보는 직업별 통계

요구 학력	직업 규제	소득 수준	경단취업적합도	직업 전망
✿	✿	✿✿	✿✿✿✿	✿✿✿

에코제품디자이너
두껍아, 두껍아 새 제품 줄게, 헌 제품 다오~

에코백을 처음 디자인한 사람은 영국 디자이너 안야 힌드마치라고 한다. 그는 에코백에 'I am not a plastic bag'이란 문구를 써넣었다. 그 이후 무분별하게 사용되던 비닐류의 일회용 백을 줄이고, 환경을 생각하는 디자인과 용품에 대한 관심도 커졌다.

에코제품디자이너는 단순히 제품의 편리성만 생각하는 것이 아니라 지속가능한 제품, 그리고 친환경적인 제품을 고민한다. 이런 디자인은 제품의 설계, 생산, 판매, 서비스, 폐기 등 전 과정에 걸쳐 적용된다. 이들이 하는 일은 기존 제품디자이너와 유사하지만 작업 과정에 친환경적인 요소가 반영된다는 점이 다르다. 버려진 현수막으로 가방을 만들거나 폐타이어나 버려지는 가죽 등으로 신발을 만드는 업사이클 디자인도 에코제품디자인의 한 영역이다.

에코제품디자이너가 수행하는 주요 업무는 다음과 같다. 첫째, 에코제품에 대한 스케치, 둘째, 에코제품 아이디어 도출과 평가, 셋째, 전문적인 디자인 프로그램(포토샵, 일러스트레이터, CAD, 라이노, 3D 맥스 등)을 통한 디자인 수행, 넷째, 평가 후 디자인 내용 수정, 다섯째, 시제품 제작 및 평가 등이다.

최근 소비자들 사이에서 환경과 올바른 소비에 대한 인식이 높아지고 있다. 가령 요즘 소비자들은 커피와 관련해서도 아동에 대한 노동 착취가 없는 공정무역 커피를 소비하고자 한다. 이런 소비자를 가리켜 '퍼슈머(pursumer)'라고 한다. 퍼슈머는 '추적하다(pursue)'와 '소비자(consumer)'의 합성어이다. 이들은 친환경 제품을 선호하고, 최근 사회적 이슈가 되고 있는 이상기후에도 관심이 많다. 이런 소비자의 심리가 제품 구매에도 반영된다. 그 결과 기업에서도 제품 설계 단계에서부터 친환경적인 에코디자인을 고려한 제품 생산을 늘리고 있다. 이에 따라 에코제품디자이너의 사회적 수요가 증가하고 있다.

에코제품디자이너는 다양한 분야에서 일하므로 소득 및 근로 여건도 다양하다. 중소기업, 대기업 외에도 사회적 기업이나 벤처기업에서 일하는 사람도 많다. 중소기업이나 벤처기업의 경우 대졸 초임 150만~250만 원 정도의 월급을 받는다. 대기업에서는 이보다 훨씬 높은 급여를 받는다.

다양한 산업 분야에서 에코제품디자이너를 모집하며, 디자인하는 제품 분야에 따라 필요한 전문 지식이나 기술에 차이가 있다. 최소 전문대학 이상의 학력을 요구하며, 디자인 관련 경험자가 유리하다. 자격증 유무보다는 디자인 능력이 중요하다. 아울러 전문 디자인 프로그램의 활용 능력을 갖춰야 하며, 일반적인 기획 보고서를 작성할 정도의 컴퓨터 활용 능력도 필요하다. 전공 지식이나 경력이 없는 사람이 단기간의 교육으로 재취업하기는 어렵다.

친환경 창조경제(www.creativegreen.re.kr)과 한국디자인진흥원(www.kidp.or.kr)에서 에코 디자인에 관한 다양한 자료를 볼 수 있다. 한국업사이클디자인협회(kud.kr)도 참조하면 도움이 된다.

어떤 훈련과 자격증이 필요할까?

- **정규교육** : 전문대학 이상의 학력이 요구되며, 디자인 관련 전공자가 유리함.
- **직업훈련** : 에코디자인 교육훈련 과정이 일부 있음.
- **국가자격** : 제품디자인산업기사, 패션디자인산업기사, 제품응용모델링기능사
- **민간자격** : 에코플래너(등록), 친환경가구제작사(등록), 친환경상품관리사(등록) 등

직업훈련과 자격증 취득 정보는 수시로 변동되어 정확한 정보를 제공하기 힘들므로 다음 사이트를 참조하기 바람.
직업훈련 : HRD-Net(www.hrd.go.kr) / 자격증 : 큐넷(www.q-net.or.kr), 민간자격 정보서비스(www.pqi.or.kr)

| 한눈에 보는 직업별 통계 |

요구 학력	직업 규제	소득 수준	경단취업적합도	직업 전망
✿✿✿	✿✿	✿✿✿	✿✿✿	✿✿✿✿

임상연구코디네이터
신약 개발의 숨은 조력자

얼마 전 온 나라를 공포에 몰아넣었던 신종 바이러스 '메르스'를 모르는 사람은 없을 것이다. 이외에도 조류독감(AI), 사스, 신종인플루엔자 등의 신종 질병이 생겨나서 사람들의 생명을 위협하고 있다.

임상연구코디네이터는 신종 질병을 치료하기 위해 신약을 개발하는 과정에 참여하는 사람이다. 구체적으로 신약이 상용화되기 전에 해당 약물의 임상시험을 관리하는 일을 한다. 여기서 임상시험이란 의약품을 개발하여 시판하기에 앞서 안전성과 치료 효용성을 증명할 목적으로 해당 약물의 임상적 효과를 확인하고 부작용 등을 알아보기 위해 사람을 대상으로 실시하는 시험이나 연구를 말한다.

임상연구코디네이터가 하는 일은 주로 다음과 같다. 첫째, 연구계획서 작성 및 검토, 둘째, 환자에 대한 복용법 설명 및 주사 등의 조치, 셋째, 임상시험 수행(임상시험 내용 및 환자 상태 기록), 넷째, 의약품의 적합성 여부 검증, 다섯째, 임상시험 자료 수집, 여섯째, 연구 보고서 작성 지원, 일곱째, 임상시험 약 및 물품의 관리 등이다.

최근 한국의 의료 기술은 빠르게 발전하고 있다. 그런 가운데 메르스 등의 새로운 질환이 증가함에 따라 신약 개발의 필요성도 증가하고 있다. 국내 제약 기업에서도 이에 대한 꾸준한 투자 확대가 이루어지고 있으며, 자연스레 임상연구코디네이터의 수요도 증가하고 있다. 제약회사 외에도 대형 병원 임상시험센터에서 근무하기도 한다.

임상시험 업무는 주로 프로젝트 단위로 진행되므로 임상연구코디네이터는 정규직보다는 기간 계약직으로 일하는 경우가 많다. 대형 병원은 3교대 근무가 많은데, 임상연구코디네이터는 보통 오전 8시 30분에서 오후 5시 30분까지 근무하는 형태다. 소득은 임상 기관의 규정에 따라 차이가 있으나 월 200만 원 안팎이다.

이 일자리는 최소 전문대학 이상의 학력 제한이 있다. 또 간호사나 임상병리사 등의 국가자격이 기본적으로 필요하다. 임상 진행 과정이나 약물 투약 과정을 전산 관리하므로 컴퓨터의 활용 능력도 갖춰야 한다. 다시 말해 과거 병원 등에서 간호사 또는 임상병리사로 근무한 경험이 있으면서 컴퓨터 활용 능력 및 임상시험 관련 기초 지식(절차, 법규, 통계 등)을 겸비한 경력 단절 여성에게 적합한 일이다. 요즘은 국제적으로 신약 개발이 이뤄지는 경우가 많으므로 어학 능력도 요구된다.

임상연구코디네이터의 경우 임상연구의 조력자이므로 깊은 의학적 지식은 필요하지 않다. 따라서 앞서 제시한 학력과 자격 요건을 충족했다면 도전 가능하다.

어떤 훈련과 자격증이 필요할까?

- **정규교육** : 전문대학 이상의 학력이 요구되며, 간호학·임상병리학 등의 전공자가 유리함.
- **직업훈련** : 임상연구코디네이터 교육훈련 과정이 있음.
- **국가자격** : 임상병리사, 간호사
- **국제자격** : 임상연구코디네이터(CRC)

직업훈련과 자격증 취득 정보는 수시로 변동되어 정확한 정보를 제공하기 힘들므로 다음 사이트를 참조하기 바람.
직업훈련 : HRD-Net(www.hrd.go.kr) / **자격증** : 큐넷(www.q-net.or.kr), 민간자격 정보서비스(www.pqi.or.kr)

| 한눈에 보는 직업별 통계 |

요구 학력	직업 규제	소득 수준	경단취업적합도	직업 전망
❀❀❀	❀❀❀	❀❀❀	❀❀❀	❀❀❀❀

전직지원전문가

새로운 시작을 도와준다

전직지원전문가는 새로운 직장으로 일자리를 옮기려는 사람들의 경력을 관리해주고 인생 경로를 점검해 이들이 보다 나은 직업을 얻을 수 있도록 도와주는 직업 설계 전문가이다. 유사 직업으로는 커리어컨설턴트, 헤드헌터, 직업상담사, 커리어코치 등이 있다. 구조조정, 정년퇴직, 희망퇴직 등의 이유로 퇴직했거나 퇴직 예정인 사람들이 주된 대상이다. 일대일 맞춤 컨설팅과 취업 통합 교육, 두 가지 방식으로 업무를 수행한다.

전직지원전문가가 하는 일은 다음과 같다. 첫째, 재취업 프로그램, 창업 프로그램, 전직 준비 방법을 안내해준다. 둘째, 전직 대상자의 적성과 업무 능력을 파악하고 평가한다. 셋째, 전직 대상자에게 적합한 직업 및 직장에 대해 컨설팅해준다. 넷째, 전직에 필요한 직업 능력 향상 방법을 조언하고, 관련 강의 및 프로그램을 제시한다. 다섯째, 재취업 외 인생 설계에 관한 조언을 해준다. 여섯째, 전직 프로그램 및 교육 과정을 설계한다. 일곱째, 전직 지원 대상자 프로파일 및 기업체를 관리한다.

전직 지원 대상자와 상담하는 것은 쉬운 일이 아니다. 대부분의 전직 지원 대상자가 현재 자신이 직면한 상황을 잘 받아들이지 않기 때문이다. 기업체가 단체 교육을 의뢰하기도 하지만, 개별 근로자가 면담과 컨설팅을 요청하는 경우도 있다. 업무를 원활하게 수행하기 위해서는 컨설팅과 코칭 등의 기법을 적절히 활용할 수 있어야 하며, 강의 능력도 갖추어야 한다.

전직지원전문가는 하루에 적게는 1건에서 많게는 10여 건의 면담을 진행한다. 전화, 이메일, 홈페이지 등을 활용하여 상담을 진행하기도 한다. 상담에서 취직으로 이어지는 기간을 보통 3개월로 계획한다. 전직지원전문가의 보수는 근무 장소와 개인 역량에 따라 다르다. 대개 120만~160만 원 정도 받고 경력자는 180만 원 이상 받는다. 상담 건수 등의 성과에 따라 인센티브를 받기도 한다. 커리어컨설팅 회사, 공공 경력 컨설팅 기관에서 일하며, 대기업 등에서 퇴직자를 위한 다양한 서비스를 제공하기도 한다.

업무를 원활하게 수행하려면 전문대학 이상의 학력과 심리, 교육, 사회복지 분야의 지식이 필요하다. 그러므로 심리학이나 사회복지학, 인사관리 등을 전공한 사람에게 유리한 직업이다. 또 교육이나 강의 업무를 수행하기 위해 기초적인 컴퓨터 활용 능력도 갖추어야 한다.

전직지원전문가와 관련한 다수의 민간자격이 있다. 자격과 연계된 교육 프로그램이 취업에 다소 도움이 될 수 있다. 평생교육원, 전문 교육기관 등에서의 교육훈련을 통해 관련 자격을 취득할 수 있다. 아무래도 업무상 상담을 주로 하게 되므로 상담 경력이 취업에 많은 도움이 된다.

어떤 훈련과 자격증이 필요할까?

- **정규교육** : 전문대학 이상의 학력이 요구되며, 상담, 심리학, 교육학, 사회복지학 전공자가 유리함.
- **직업훈련** : 커리어컨설턴트 전문가 과정(2~3개월), 직업상담사 자격 과정이 있음.
- **국가자격** : 직업상담사, 사회복지사 등
- **민간자격** : 전직지원전문가(등록), 전직지원상담사(등록), 전직지원컨설턴트(등록) 등

직업훈련과 자격증 취득 정보는 수시로 변동되어 정확한 정보를 제공하기 힘들므로 다음 사이트를 참조하기 바람.
직업훈련 : HRD-Net(www.hrd.go.kr) / **자격증** : 큐넷(www.q-net.or.kr), 민간자격 정보서비스(www.pqi.or.kr)

| 한눈에 보는 **직업별 통계** |

요구 학력	직업 규제	소득 수준	경단취업적합도	직업 전망
✿✿✿	✿✿	✿✿✿	✿✿✿	✿✿✿✿

펀드레이저
좋은 일에 쓸 돈을 끌어모은다

JOB 17

　금융위기 이후 우리 사회에서 펀드라는 말이 익숙해졌다. 펀드란 단어를 들으면 흔히 각종 주식이나 채권과 관련한 투자신탁을 떠올리는데, 펀드에는 투자신탁이란 의미 외에 기금이나 모금이란 뜻도 있다. 이와 관련된 직업이 '펀드레이저'이다. 펀드매니저가 투자신탁을 담당한다면, 펀드레이저는 좋은 일에 쓸 돈을 모금하는 일을 하는 사람이다. 주로 교육기관, 종교기관, 건강연구재단, 사회복지기관 같은 비영리기관을 위해 일하는데, 기부를 이끌어내기 위해 이벤트를 기획하거나 기금 마련을 위한 캠페인을 진행한다. 정치 캠페인을 위한 기금을 모으기도 한다.

　펀드레이저가 수행하는 주요 업무를 구체적으로 살펴보면 다음과 같다. 첫째, 기부자 발굴, 둘째, 기부액을 증대시키기 위한 크라우드펀딩 계획, 셋째, 기부를 이끌어내기 위한 캠페인 혹은 이벤트 기획, 넷째, 과거의 성공적인 펀드레이징 이벤트 평가, 다섯째, 펀드

PART 2 나는 매일 회사에 출근하고 싶다 … 145

레이징 과정과 실무에 대한 봉사자 교육, 여섯째, 기부와 관련된 모든 법 문서 충족에 대한 업무, 일곱째, 잠재적 기부자의 관심을 끌 만한 효과적인 문구 제작, 여덟째, 모금 분야 및 금액 설정, 아홉째, 기부 대상자 명단 작성과 신규 기부 대상자 발굴, 열째, 기부 기관 및 개인 대상 홍보(이메일, 우편, SNS 활용, 전화 및 직접 방문 등), 열한째, 기부자에 대한 보고서 작성 및 내용 보고 등이다.

펀드레이저는 소속 기관에 따라 직무 내용과 근로 여건 등에서 차이가 크며, 주로 사회봉사 단체에서 일하므로 급여 수준이 높지는 않다. 사무실에서 근무를 많이 하지만, 기부자를 만나기 위한 출장이나 기금 행사 등으로 실외로 나갈 일도 적지 않다. 요즘엔 비영리기관들이 온라인 홍보에 힘을 쏟고 있다. 특히 잠재적 기부자에게 연락을 하거나 기관을 선전하는 활동 무대로 SNS가 새롭게 떠오르고 있어서 SNS를 능숙하게 다룰 수 있어야 한다. 직업 전망을 보면, 미국의 경우 펀드레이저의 직무가 2014년부터 2024년까지 9퍼센트가량 증가할 것으로 예측되고 있다. 이는 비교적 빠른 증가 속도다.

주로 공익을 위해 활동하는 NGO(비정부기구)에서 펀드레이저를 모집하는데, 학력 제한을 두지 않는 곳도 많지만 (전문)대학 졸업자를 선호하는 편이다. 기금을 모으려면 사람들을 설득하기 위해 언변이 좋아야 하며, 시사 상식 및 전문 지식, 컴퓨터 활용 능력이 필요하기 때문이다. 도전 정신과 대인관계 능력이 뛰어난 사람을 선호하며, 특히 업무 특성상 정신 자세를 중요시한다.

국내에는 아직까지 직접 연관된 자격증은 없다. 국제자격으로 국제공인모금전문가(CFRE)가 있다. 이 일에 경험이 없다면 교육훈련이 도움이 되나, 훈련 과정이 많지는 않다. 관련 단체로는 도움과 나눔(www.doumnet.net), 한국기부문화연구소(www.icnpm.com), 희망제작소(www.makehope.org) 등이 있다.

어떤 훈련과 자격증이 필요할까?

- **정규교육** : 고졸 이상이면 가능하나, 경영, 사회복지 등의 (전문)학사 이상이 유리함.
- **직업훈련** : 관련 단체에 교육훈련 과정이 개설되어 있음.
- **민간자격** : 사회복지모금전문가(등록), 고객마케팅관리사(등록), 소비자심리마케팅(등록) 등과 관련성이 있음.
- **국제자격** : 국제공인모금전문가(CFRE)

직업훈련과 자격증 취득 정보는 수시로 변동되어 정확한 정보를 제공하기 힘들므로 다음 사이트를 참조하기 바람.
직업훈련 : HRD-Net(www.hrd.go.kr) / **자격증** : 큐넷(www.q-net.or.kr), 민간자격 정보서비스(www.pqi.or.kr)

| 한눈에 보는 직업별 통계 |

요구 학력	직업 규제	소득 수준	경단취업적합도	직업 전망
❁	❁	❁❁	❁❁❁❁	❁❁❁❁

할랄인증컨설턴트

너의 제품을 할랄하노라~

전 세계 70억 인구 가운데 대략 13억 명이 모슬렘, 즉 이슬람교도다. 우리나라의 경우 예전에는 모슬렘을 찾아보기 힘들었지만 요즘은 취업이나 관광, 유학 등의 목적으로 거주하는 모슬렘이 많아졌다. 우리나라에 거주하는 모슬렘의 고충 가운데 하나는 음식이다. 코란이 정한 율법에 따라 할랄(halal) 음식만을 먹어야 하기 때문이다.

할랄은 '이슬람 계율에 따라서 도축된'이란 의미다. 그런데 문제는 할랄 음식을 국내에서 구하기가 어렵다는 것이다. 또한 국내 기업이 13억 모슬렘을 대상으로 식품을 수출하는 과정에서도 어려움을 겪고 있다. 이런 문제를 해결하기 위해 생겨난 신생 직업이 '할랄인증컨설턴트'이다.

할랄인증컨설턴트가 수행하는 주요 업무는 다음과 같다. 첫째, 할랄 인증을 받고자 하는 기업과 품목 등에 대하여 할랄 인증 관련 절차를 알려준다. 둘째, 할랄 제품에 대한 수출·입 관련 절차 및 서류를 대행하거나 상담한다. 셋째, 직접 업체를 방문하여 생산 시설 및 제조 공정을 점검하고, 개선할 수 있도록 조언한다. 넷째, 신청 기관이 인증서를 발급받을 수 있도록 컨설팅하거나 대행한다. 일곱째, 할랄 인증 유효기간은 대개 1~2년인데, 유효기간이 만료될 경우 서류 심사와 실사를 다시 받을 수 있도록 도와준다.

식품 업체를 비롯한 많은 국내 기업들 역시 해외시장 개척에 관심이 많으며 13억 인구의 모슬렘을 고객으로 만들고자 노력한다. 일례로 농심은 무슬림 국가에 수출하기 위해 수프에서 고기 성분을 뺀 할랄 신라면을 생산하고 있다. 할랄 음식은 율법을 지키기 위한 종교적 측면 외에도, 안전한 먹거리에 대한 인증의 의미도 가진다. 최근 K-Move의 확대에 따라 한국 제품 및 음식에 대한 관심이 커지고 있다. 이런 점에서 볼 때, 할랄인증컨설턴트의 산업적 수요는 앞으로 증가할 수 있다.

현재 400개 이상의 대기업 및 중소기업들이 할랄 인증을 획득하였다. 요즘은 식품뿐만 아니라 레스토랑, 화장품, 의약품 등으로 인증 대상이 확대되고 있다. 국가마다 할랄 인증 관련 절차와 규정이 다르고, 원재료뿐만 아니라 제조 설비, 공정, 포장, 저장, 유통 등에서 까다로운 규정이 존재한다. 그런데도 할랄과 관련된 국내의 인식과 전문 인력은 부족한 상황이다.

이 직업은 최소 전문대학 이상의 학력을 요구하며, 국제학이나 경영학 전공자, 마케팅 관련 경험자가 유리하다. 할랄 인증과 관련된 법령과 무역 지식, 의사소통할 수 있는 외국어 능력, 보고서를 작성할 수 있는 컴퓨터 활용 능력 등이 요구된다. 이런 점에서 이슬람 문화권 경험자나 어학 가능자에게 기회가 될 수 있다. 그리고 할랄 인증을 받기 위한 서류를 다루므로 차분하고 꼼꼼한 성격이 요구된다.

이 업무와 관련하여 자격증 소지가 취업에 도움은 되나 필수 요건은 아니다. 해당 분야 경험이 전혀 없는 경우, 자격과 연계된 교육 등을 통하여 직무 능력을 갖추고 실무를 배워야 한다. 국제 무역, 원산지 관리, 마케팅 등에 관한 업무 경험이 있거나 전공자라면 도전해보기 바란다. 하지만 경력이나 경험이 없는 경우 단기 교육으로 접근하기는 쉽지 않다.

국내 할랄인증기관은 KMF(한국이슬람교중앙회, Korea Muslim Federation)가 유일하였으나, 최근 한국할랄산업연구원 등 민간 사설 인증기관이 생겨나고 있다.

어떤 훈련과 자격증이 필요할까?

- **정규교육** : 전문대학 이상의 학력이 요구되며, 아랍어학과, 영어, 국제학과, 무역학과 등의 전공자가 유리함.
- **직업훈련** : 국내 교육훈련 과정은 많지 않음.
- **민간자격** : 할랄지도사(등록), 할랄통상전문가(등록), 할랄심사원(등록) 등.

직업훈련과 자격증 취득 정보는 수시로 변동되어 정확한 정보를 제공하기 힘들므로 다음 사이트를 참조하기 바람.
직업훈련 : HRD-Net(www.hrd.go.kr) / **자격증** : 큐넷(www.q-net.or.kr), 민간자격 정보서비스(www.pqi.or.kr)

| 한눈에 보는 직업별 통계 |

요구 학력	직업 규제	소득 수준	경단취업적합도	직업 전망
★★★	★★★	★★★	★★★	★★★★★

회계사무원
회사 살림을 책임져드립니다

회계사무원은 과거에는 흔히 '경리'라고 일컬어지던 직업이다. 기업의 모든 거래 사항을 컴퓨터를 활용하여 기록하고 정리하며, 회계 전산 시스템을 관리하고 보완하는 일을 한다. 관련 직업으로는 경리사무원, 세무사무원 등이 있다.

회계사무원이 담당하는 주요 업무를 구체적으로 살펴보면 다음과 같다. 첫째, 회계 현황을 정리한 후 재무 정보를 제공한다. 둘째, 손익 예상 및 결산 업무를 처리한다. 셋째, 총괄 제 계정을 계산한 후 보고하고 입력한다. 넷째, 주요 장부를 기장하고 전표를 계산한 후, 경비 지출 및 출납과 수납에 관련한 사무를 수행한다. 다섯째, 재무 기록을 기입하여 대차계정을 수립, 유지, 결산한다. 여섯째, 일반 원장을 관리하며 재무대차표를 작성한다. 일곱째, 소득신고서, 통계 보고서, 재무 보고서, 결산 보고서 등을 작성한다.

예전에는 종이 장부를 사용해 일일이 손으로 쓰고 계산기를 두

드려 금액을 맞춰야 했으므로 회사의 규모나 업종에 상관없이 어느 회사에나 회계사무원이 존재했다. 하지만 지금은 회계 관련 업무가 컴퓨터로 인해 빠르게 자동화되고 있어 일자리가 갈수록 줄어드는 실정이다.

그럼에도 불구하고 전산 프로그램을 다룰 줄 알고 회계 업무를 담당할 수 있으면 경력 단절 여성도 거주 지역에서 일자리를 쉽게 찾을 수 있다는 장점이 있다.

하지만 이 일을 할 수 있는 사람도 많아 급여 수준이 낮다. 이는 대개 중소기업의 회계사무원에 해당하는 이야기다. 물론 대기업이나 공기업 회계사무원의 경우 급여가 높다. 하지만 이런 곳에서는 회계학이나 세무학, 경영학 등 회계 관련 전공 대졸자를 선호하므로 경력 단절 여성이 진입하기는 쉽지 않다. 월말이나 세금 신고가 있는 달에는 업무가 많아 야근을 하기도 한다.

회계사무원의 경우 숫자를 다루므로 세밀하고 꼼꼼하고 정확성이 요구된다. 또한 큰돈을 만지는 경우가 많으므로 정직성과 책임감도 요구된다.

그리고 무엇보다 회계 업무의 전산화로 전산 시스템을 이용하므로 컴퓨터 활용 능력이 중요하다. 세무 및 회계 관련 전산 자격증을 취득하면 취업에 유리하다. 회계사무원이 되기 위한 직업훈련, 즉 경리 실무 및 전산 회계 교육은 여성인력개발센터(www.vocation.or.kr), 여성새로일하기센터(saeil.mogef.go.kr), 한국생산성본부(www.kpc.or.kr)와 같은 공공기관을 비롯해 직업전문학교, 회계 관련 사설 학원, 컴퓨터 학원 등 다양한 곳에서 받을 수 있다.

전산세무회계 시험은 한국세무사회에서 주관하는데, 회계 업무에 필요한 각종 프로그램과 기능을 익히고 회계 업무의 전산화를 알맞게 수행하며 각종 세법을 전체적으로 익혔는지 그 능력을 검정하는 것이다. 전산세무와 전산회계로 나누어지는데, 각각 1급과 2급 시험으로 구분된다. 전산세무 시험이 전산회계 시험보다 난이도가 높다. 교육 과정은 대개 1~2개월가량이며 시험이 어려운 편은 아니다. 국비 지원을 받아 무료로 수강할 수도 있다.

어떤 훈련과 자격증이 필요할까?

- **정규교육** : 고졸 이상의 학력이 요구되며, 경영학과·경제학과·세무회계 학과 전공자가 유리함.
- **직업훈련** : 다수의 교육훈련 과정이 있음.
- **국가자격** : 전산회계운용사, 공인회계사, 세무사 등
- **민간자격** : 전산세무회계(공인), 전산회계(등록), 전산세무(등록), 회계관리(공인), 재무회계실무(등록) 등 다수

직업훈련과 자격증 취득 정보는 수시로 변동되어 정확한 정보를 제공하기 힘들므로 다음 사이트를 참조하기 바람.
직업훈련 : HRD-Net(www.hrd.go.kr) / **자격증** : 큐넷(www.q-net.or.kr), 민간자격 정보서비스(www.pqi.or.kr)

| 한눈에 보는 직업별 통계 |

요구 학력	직업 규제	소득 수준	경단취업적합도	직업 전망
❁❁	❁❁	❁❁	❁❁❁	❁❁

가사도우미 | 간병인 | 귀농·귀촌플래너 | 만화가(애니메이터) | 미술치료사 | 방과후강사 | 베이비시터 | 보험설계사 | 북멘토 | 상담전문가 및 청소년지도사 | 소셜스토리텔러 | 숲해설가 | 스토리텔링매니저 | 스포츠 및 레크리에이션 강사 | 아이디어컨설턴트 | 에코쿡스토리에디터 | 아트토이디렉터 | 온라인마케터 | 음악치료사 | 전자출판전문가 | 주방보조원 | 학습지 및 방문교사

나는 자유로운 프리랜서가 좋다
- 아침마다 출근하지 않고도 돈을 벌 수 있는 직업

가사도우미

여성의, 여성을 위한, 여성에 의한 서비스

　예전에 가사도우미를 채용하는 것은 부의 상징이었다. 하지만 맞벌이 부부가 많아지면서 지금은 중산층 가정에서도 가사도우미의 도움을 많이 받는다. 그만큼 더 일반화된 직업이 되었다고도 할 수 있다. 가사도우미는 각 가구를 방문하여 청소, 조리, 세탁 등 가사와 관련된 서비스를 제공하는 일을 한다.

　가사도우미가 하는 일을 구체적으로 살펴보면 다음과 같다. 첫째, 서비스 대상 가구의 특성을 파악한다. 둘째, 세탁, 다림질, 청소 등의 일상적인 가사를 수행한다. 셋째, 세분화된 경우 요리를 집중적으로 담당한다. 넷째, 필요한 경우 육아 업무를 주로 담당하기도 한다. 다섯째, 기타 일생생활과 관련한 다양한 업무를 수행한다.

　가사도우미는 방문 가구의 세대 구성원과 마음이 맞으면 업무도 편하고 스트레스도 적지만, 그렇지 못하면 매우 불편하다. 그래서 친하게 잘 아는 사람의 집안일을 도와주는 가사도우미가 많다. 집의 규모, 세대 구성원의 연령이나 특성에 따라 하는 일에 차이가 난다.

근로 시간은 일을 맡기는 가구의 상황과 여건에 따라 다양하다. 파트타임 근무를 희망하는 경우도 있고, 특정한 요일이나 시간대에 맞춰 일을 요구하는 사람도 있다. 가사도우미는 비전을 갖고 임할 수 있는 직업이라기보다 일시적으로 돈을 벌기에 적합한 일이다. 급여는 시간당 만 원 안팎이다.

이 직업은 경력 단절 여성에 대한 차별이나 특별한 학력 제한이 없고, 컴퓨터 활용 능력을 요구하지도 않는다. 누구나 자격증이나 경력 없이 쉽게 접근 가능한 직업이다. 아울러 거주하는 지역에서 일자리를 쉽게 찾을 수 있는 장점이 있어서 고령자들이 선호한다.

어떤 훈련과 자격증이 필요할까?

- **정규교육** : 학력 제한 없음.
- **직업훈련** : 특별한 교육훈련 없이도 업무를 수행할 수 있음.
- **국가자격** : 세탁기능사
- **민간자격** : 가사관리사(등록), 가정관리사(등록)

직업훈련과 자격증 취득 정보는 수시로 변동되어 정확한 정보를 제공하기 힘들므로 다음 사이트를 참조하기 바람.
직업훈련 : HRD-Net(www.hrd.go.kr) / **자격증** : 큐넷(www.q-net.or.kr), 민간자격 정보서비스(www.pqi.or.kr)

| 한눈에 보는 직업별 통계 |

요구 학력	직업 규제	소득 수준	경단취업적합도	직업 전망
❋	❋	❋❋	❋❋❋❋	❋❋❋

간병인

환자의 손과 발이 되어드립니다

 〈미 비포 유(Me Before You)〉는 하반신 불구의 몸으로 6개월 시한부 판정까지 받아 죽기로 결심한 남자와 간병인 여자와의 로맨스를 그린 영화다. 〈언터처블 1%의 우정〉은 전신불구의 상위 1% 백만장자와 내세울 건 건강한 신체뿐인 하위 1% 백수와의 우정을 그린 영화다. 간병인이 하는 일이 궁금하다면 두 영화를 추천하고 싶다.

 간병인은 가족을 대신하여 환자를 보살피는 일을 하는 사람이다. 환자를 돌보는 장소는 병원, 요양소, 가정 등이다. 금전적 여유는 있으나 시간적, 신체적, 정신적 여유가 없는 환자 가족들이 간병인을 많이 활용한다. 우리 사회는 65세 이상의 인구가 20%를 넘어가는 초고령사회로 빠르게 달려가고 있다. 이에 따라 아픈 사람이 많아질 것이고, 간병인을 찾는 사람도 늘어날 것이다.

 간병인이 수행하는 주요 업무는 다음과 같다. 첫째, 환자 목욕시키기와 병실 청소, 둘째, 환자의 주변 환경 관리와 편의 제공 및 보호, 셋째, 치료 지원 활동(치료 내용, 약물 투여 시간 등의 기록), 넷째, 식사 및 배변 활동에 대한 수발, 다섯째, 재활 활동 및 여가 활동 수발, 여섯째, 가정에서 간병 시 식사 준비 외 일부 가사노동 수행 등이다.

간병은 노인이나 환자를 상대해야 하므로 쉬운 일은 아니다. 노동 강도는 환자의 건강 상태에 따라 차이가 난다. 경력 단절 여성에 대한 차별이나 학력 제한이 없고, 컴퓨터 활용 능력도 필요하지 않다. 다만, 기술과 기능이 중요하므로 교육훈련이 필요하다. 간병인 관련 단체나 여성인력개발원, 여성회관, 복지회관 등에 2~4주 교육과정이 개설되어 있다. 여러 사설 기관에서도 자격증을 발급해주고 있는데, 공신력이 없는 경우가 많으므로 주의해야 한다. 사설 알선 기관을 통해 일자리를 구하면 높은 알선 수수료를 내야 하는 사례가 많으므로, 공공 취업 지원 기관을 이용하는 것이 좋다. 요양보호사 자격(국가자격)을 취득하여 활동 분야를 넓힐 수도 있다.

어떤 훈련과 자격증이 필요할까?

- **정규교육** : 학력 제한은 없으나, 간호학과 출신을 우대함.
- **직업훈련** : 간병인, 간호조무사 관련 교육훈련 과정이 다수 있음.
- **민간자격** : 간병사(등록) 등

직업훈련과 자격증 취득 정보는 수시로 변동되어 정확한 정보를 제공하기 힘들므로 다음 사이트를 참조하기 바람.
직업훈련 : HRD-Net(www.hrd.go.kr) / **자격증** : 큐넷(www.q-net.or.kr), 민간자격 정보서비스(www.pqi.or.kr)

| 한눈에 보는 직업별 통계 |

요구 학력	직업 규제	소득 수준	경단취업적합도	직업 전망
❀	❀❀	❀❀	❀❀❀❀	❀❀❀❀

귀농·귀촌플래너
이도향촌의 고민 해결사

요즘 주목받는 신조어 가운데 '퍼머컬처(Permaculture)'라는 말이 있다. 퍼머컬처는 '영구적(Permanent)'이라는 단어와 '문화(Culture)'라는 단어가 합쳐진 용어로, 지속가능한 주거 환경과 지역사회를 만들기 위한 사회적 움직임에서 비롯되었다.

수십 년 전에는 시골 사람들이 도시로 이동하는 이촌향도(離村向都)의 시대였다. 그런데 지금은 많은 사람들이 도시를 떠나 시골로 향하고 있다. 이도향촌(離都向村)의 시대라 불릴 만하다. 그런데 막상 오랜 도시 생활을 정리하고 귀농이나 귀촌을 하려면 어떻게 살아가야 할지 막막하다. 이런 고민을 해결해주는 사람이 바로 귀농·귀촌플래너이다.

구체적으로 귀농·귀촌플래너가 하는 일은 다음과 같다. 첫째, 귀농·귀촌 희망자에 대한 교육 및 상담 서비스, 둘째, 귀농·귀촌을 위한 적절한 주거 공간 상담 및 조언과 소개, 셋째, 귀농·귀촌 일정과

계획 수립, 넷째, 귀농·귀촌 후 취업 방법 상담과 재무 컨설팅, 다섯째, 귀농과 관련된 정부지원 제도 등의 소개, 여섯째, 귀농·귀촌 생활 시 불편 및 고충 상담, 일곱째, 귀농자 및 귀촌자 네크워크 형성 및 관리 등이다.

도시의 팽창으로 발생하는 환경 질환과 교통 혼잡의 증대, 고령사회로의 진입 등으로 인해 농촌, 산촌, 어촌으로 향하는 도시인은 갈수록 늘어날 것이다. 많은 전문가들에 따르면 청장년층의 귀농·귀촌·귀어 추세는 향후 10년 이상 지속될 것으로 전망된다. 고령사회에 본격적으로 진입하면 더욱 증가할 것이다. 아울러 교통과 통신의 발달도 귀농·귀촌을 촉진할 것으로 보인다.

귀촌·귀농플래너의 경우 큰돈을 벌기는 어렵다. 하지만 본인이 귀농·귀촌하면서 겪은 경험을 사람들에게 전수하면서 더불어 농업, 축산, 원예 등의 일을 병행한다면 소득을 높일 수 있다.

귀촌·귀농플래너가 되기 위한 특별한 학력 제한은 없다. 그러나 강사가 되기 위해서는 (전문)대학 등의 학위가 있으면 좀 더 유리하다. 교육이나 강의를 수행하기 위해서는 기초적인 컴퓨터 활용 능력도 필요하다. 그리고 농업 관련 자격증이 있으면 보다 효과적이다. 이 직업과 관련한 경험이 없다면, 귀농귀촌종합센터(www.returnfarm.com) 등의 교육 훈련 프로그램에 참여해보자. 교육뿐만 아니라 귀농 지원제도, 농촌 빈집 정보, 지역별 농산물 정보 등 다양한 정보를 얻을 수 있다.

어떤 훈련과 자격증이 필요할까?

- **정규교육** : 특별한 학력 제한은 없으나, 농학 및 농업교육 관련 전공자가 유리함.
- **직업훈련** : 도시농부, 귀농귀촌코디네이터 등의 교육 프로그램이 있음.
- **국가자격** : 유기농업기능사, 유기농업기사 등
- **민간자격** : 축산컨설턴트(등록), 농업경영관리사(등록), 농촌생태관광지도사(등록) 등

직업훈련과 자격증 취득 정보는 수시로 변동되어 정확한 정보를 제공하기 힘들므로 다음 사이트를 참조하기 바람.
직업훈련 : HRD-Net(www.hrd.go.kr) / **자격증** : 큐넷(www.q-net.or.kr), 민간자격 정보서비스(www.pqi.or.kr)

| 한눈에 보는 직업별 통계 |

요구 학력	직업 규제	소득 수준	경단취업적합도	직업 전망
❋	❋❋	❋❋	❋❋❋❋	❋❋❋❋

만화가(애니메이터)
소설 밖 소설, 미술 밖 미술을 펼친다

예전에는 주로 만화방에서 만화를 봤다. 하지만 요즘은 많은 사람들이 인터넷이나 스마트폰으로 웹툰을 본다. 인기 웹툰은 영화나 드라마로 제작되기도 한다. 청년 실업 및 청년 인턴사원의 직장 이야기를 그린 〈미생〉은 드라마로 제작되어 많은 인기를 모으기도 했다.

만화는 일반인들이 쉽게 접근할 수 있는 문학이며, 미술 작품이다. 만화는 미술 밖 미술이며, 소설 밖 소설이다. 만화가와 유사한 일을 하는 직업으로 애니메이터가 있다. 만화가가 스토리 있는 그림을 그린다면 애니메이터는 만화영화를 만든다. 다시 말해 애니메이터는 만화 위에 음향을 입히고, 이를 영상으로 제작하는 일을 한다.

만화가가 하는 일은 다음과 같다. 첫째, 자료를 수집하여 콘티를 짠다. 둘째, 세계관을 설정하고 캐릭터를 만든다. 셋째, 인물 특성에 맞게 그림을 그리고, 장면, 대화 등을 만든다. 넷째, 채색 작업을 한다. 만화가는 자택이나 개인 작업실에서 혼자서 일하는 사례가 많다. 이름이 알려지거나 실력이 있는 경우, 문하생을 두고 보조적 도움을 받기도 한다. 과거에는 종이에 그렸지만, 요즘은 컴퓨터를 활용하여 그림을 그린다.

이 직업에 종사하는 사람들의 연령은 20대부터 50대까지 다양하다. 즉 연령 제한이 없는 것이 가장 큰 장점이다. 만화가의 수입은 개인별로 차이가 매우 크다. 눈에 피로가 쉽게 오며, 반복적인 일로 스트레스를 받을 수 있다는 단점이 있다.

최근 웹툰이 활성화되면서, 우리나라도 일본처럼 남녀노소 할 것 없이 만화를 좋아하는 시대가 올 가능성이 크다. 만화는 언어의 한계와 국가적 장벽이 낮아 국가 간 수출이 용이한 장르이기도 하므로 전망은 밝은 편이다.

어떤 훈련과 자격증이 필요할까?

- **정규교육** : 학력 제한 없음.
- **직업훈련** : 일반적으로 문하생으로 훈련, 디지털만화가 등의 훈련 과정이 있음.
- **국가자격** : 웹디자인기능사, 컴퓨터그래픽스운용기능사
- **민간자격** : 만화작가(등록), 디지털만화전문가(등록), 애니메이션지도사(등록) 등

직업훈련과 자격증 취득 정보는 수시로 변동되어 정확한 정보를 제공하기 힘들므로 다음 사이트를 참조하기 바람.
직업훈련 : HRD-Net(www.hrd.go.kr) / **자격증** : 큐넷(www.q-net.or.kr), 민간자격 정보서비스(www.pqi.or.kr)

| 한눈에 보는 직업별 통계 |

요구 학력	직업 규제	소득 수준	경단취업적합도	직업 전망
❀	❀	❀❀❀	❀❀❀	❀❀❀❀

미술치료사
상처받은 마음을 그림으로 어루만지다

　미술치료사는 미술 활동을 통해 마음의 병을 진단하고 치료하는 사람이다. 즉 내담자(피상담자)의 상처받은 마음이 그림을 통하여 치유될 수 있도록 도와주는 일을 한다. 삶의 공허, 지나친 경쟁으로 인한 피로, 초4병, 중2병, 왕따 등으로 받은 마음의 상처를 그림으로 어루만져주는 것이다. 주로 어린이나 청소년이 대상이지만 성인도 미술치료를 받는다. 미술치료사와 유사한 직업으로 작업치료사, 놀이치료사, 음악치료사, 웃음치료사, 미술심리상담사, 미술심리지도사 등이 있다.

　미술치료사가 하는 일은 다음과 같다. 첫째, 언어 상담을 통해 미술에 대한 흥미와 인지적 발달 정도를 파악한다. 둘째, 내담자에게 그림 그리기를 요청하고 이를 관찰한다. 셋째, 내담자의 그림을 통해 문제를 분석하고 진단한다. 넷째, 내담자가 지닌 정서상의 문제점을 파악한다. 다섯째, 내담자를 위한 치료 프로그램을 계획한다.

여섯째, 지속적인 그림 그리기를 통해 내담자를 치유하고 관리한다. 일곱째, 내담자에 대한 치유 및 상담 과정을 기록하고, 그 기록물을 관리한다.

    미술치료사는 주로 병원이나 복지관, 학교 등지에서 일하는데, 시간을 선택할 수 있는 탄력 근무나 프리랜서 일자리가 많다. 여건에 따라 근무 시간과 임금이 다르다. 계약직의 경우 상담 횟수별로 수당을 지급받는데, 1회당 적게는 2만 원부터 많게는 5만 원이 넘게 받는다. 단체 상담일 경우 10만~30만 원가량 받을 수 있다. 경력에 따라 수당이 차이가 난다. 월 급여는 대개 150만~300만 원이다.

    미술치료사로 일하려면 학력 제한은 없다고들 하지만, 실제로는 전문대학 이상의 학력을 요구하는 사례가 많다. 경력 단절 여성에 대한 차별은 없으나, 미술과 상담 능력이 중요한 관건이 된다. 그러므로 상담이나 미술과 관련한 정규 학력이나 경력이 있는 사람이 이 일에 관심을 갖고 도전해볼 만하다.

만약 이 분야에 경험이나 자격이 없다면, 자격증과 연계된 교육 훈련을 통해 기술이나 기능을 갖추어야 한다. 미술치료학이 개설되어 있는 대학원에 진학하는 것도 방법이다. 컴퓨터는 기초적인 수준에서 다룰 줄 알면 된다.

어떤 훈련과 자격증이 필요할까?

- **정규교육** : 전문대학 이상의 학력이 요구되며, 미술, 심리, 교육, 재활, 아동학 관련 전공자가 유리함.
- **직업훈련** : 미술심리치료, 미술치료, 미술심리상담, 미술심리지도 등의 훈련 과정이 있음.
- **민간자격** : 미술심리상담사(등록), 미술심리지도사(등록) 등 다수 있음.

직업훈련과 자격증 취득 정보는 수시로 변동되어 정확한 정보를 제공하기 힘들므로 다음 사이트를 참조하기 바람.
직업훈련 : HRD-Net(www.hrd.go.kr) / 자격증 : 큐넷(www.q-net.or.kr), 민간자격 정보서비스(www.pqi.or.kr)

| 한눈에 보는 직업별 통계 |

요구 학력	직업 규제	소득 수준	경단취업적합도	직업 전망
❋❋❋	❋	❋❋	❋❋❋❋	❋❋❋❋

방과후강사
수업 밖 수업은 재미가 있다

우리나라 초등학생의 대부분은 학교 수업이 끝난 뒤에도 온전한 휴식을 취하기 힘들다. 국어, 영어, 수학 교과목 학원을 비롯해 피아노, 미술, 태권도 등 예체능 학원까지 하루 종일 학원 뺑뺑이를 돌기 때문이다. 이런 사설 학원들뿐만 아니라 학교에서 운영하는 방과 후 수업에 참여하는 아이들도 많다.

방과 후 수업은 학원에 비해 비용이 저렴하고, 평소 알고 지내던 학교 친구들과 함께 공부할 수 있으며, 셔틀을 타고 먼 거리를 이동해야 하는 학원에 비해 주거지와 가까워 접근성도 좋고 안전하다는 장점이 있다. 특히 아이 혼자 오랜 시간을 보내게 할 수밖에 없는 맞벌이 부부의 경우 방과 후 수업을 선호한다.

방과후강사는 주로 초등학생이나 청소년을 대상으로 수업을 진행한다. 자유학기제가 시행되기 전에는 주로 초등학생 위주였지만, 2016년 중학생을 대상으로 자유학기제가 전면 시행됨에 따라 방과후강사의 활동 영역이 더욱 넓어졌다.

방과후강사가 반드시 학교에서 학생만을 대상으로 수업하는 것은 아니다. 담당 과목에 따라 여러 분야에서 활약할 수 있다. 방과 후 수업이 없는 오전이나 저녁 시간에는 각종 문화센터, 복지센터, 복지관, 도서관 등에서 활동한다.

방과후강사가 수행하는 주요 업무는 다음과 같다. 첫째, 방과 후 학생의 숙제 점검, 둘째, 방과 후 학습 자료 및 준비물 챙기기 지도, 셋째, 학교 내 동아리 활동 및 외부 학원 시간 체크, 넷째, 학생별 또는 단체별 보충 교과목 학습 지도, 다섯째, 출석부와 업무 일지 작성, 여섯째, 학습 상태 점검 및 보충 학습 실시, 일곱째, 필요한 경우 학부모 상담 및 학습 결과 기록 등이다.

방과후강사의 소득은 활동량에 따라 차이가 있다. 초등학교나 중학교의 경우 정부가 정한 가이드라인에 따라 수당이 주어진다. 외부 강사의 경우 100분 기준으로 6만 원 안팎이다. 방과후강사의 활동 분야는 미술, 음악(각종 악기), 체육, 독서와 같은 교양 분야에서부터 국어, 영어, 수학 등의 교과목 수업, 그리고 마술, 컴퓨터, 서예, 캘리그라피 등의 특기 적성 수업에 이르기까지 매우 다양하다. 평판이 좋은 프로그램과 유능한 강사의 수업은 금세 마감이 될 정도로 인기가 높다.

이 직업의 경우 경력 단절 여성에 대한 차별도 없고, 특별한 컴퓨터 활용 능력을 요구하지도 않다. 하지만 전문대학 이상의 졸업장이 필요한 곳이 많다. 아울러 주제별로 관련 자격증이나 경력증명서가 있어야 한다. 비록 교양 분야일지라도 지도자나 강사 관련 자격증이 필요하기 때문에 단기간의 교육훈련으로 자격 요건을 충족하기는 어렵다. 예를 들어 종이접기 관련 자격증이라고 할지라도 1급이나 마스터, 사범 등 높은 등급의 자격증을 따려면 시간이 꽤 소요된다. 한편 마술 등과 같이 취미로 시작했다가 직업으로 연결시킬 수 있는 분야도 있으므로, 자신의 취미를 살릴 수 있는 분야가 무엇인지 잘 살펴보자.

어떤 훈련과 자격증이 필요할까?

- **정규교육** : 전문대학 이상의 학력이 필요하며, 교육 관련 전공자가 다소 유리함.
- **직업훈련** : 매우 다양한 교육훈련 과정이 있음.
- **민간자격** : 방과후지도사(등록), 방과후아동지도사(등록), 방과후강사(등록) 등

직업훈련과 자격증 취득 정보는 수시로 변동되어 정확한 정보를 제공하기 힘들므로 다음 사이트를 참조하기 바람.
직업훈련 : HRD-Net(www.hrd.go.kr) / **자격증** : 큐넷(www.q-net.or.kr), 민간자격 정보서비스(www.pqi.or.kr)

| 한눈에 보는 직업별 통계 |

요구 학력	직업 규제	소득 수준	경단취업적합도	직업 전망
※※※	※※※	※	※※※※※	※※※※

베이비시터
아가야, 말하지 않아도 알아~

아주 오래전에 〈세 남자와 아기 바구니〉라는 영화가 인기를 끈 적이 있었다. 어쩔 수 없는 사정으로 아기를 돌보게 된 세 남자의 이야기인데, 육아 경험이 없는 세 남자가 좌충우돌하면서 겪는 상황이 재미있게 묘사되어 있다. 꽤 오래된 영화이므로 당시 출연한 아기는 성인이 되었을 것이다. 베이비시터가 어떤 일을 하는지 궁금하다면 이 영화를 보기 바란다. 물론 이 영화를 보지 않아도 자녀가 있는 사람이라면 육아가 어떤 일인지 너무나 잘 알 것이다.

베이비시터는 일반 베이비시터와 전문 베이비시터로 구분한다. 일반 베이비시터는 단순히 아동의 보육만 담당하는 반면, 전문 베이비시터는 영어 조기교육, 음악 및 신체활동 등에 대한 전문 지식을 가지고 보육한다.

보육 대상 아동의 연령과 함께 질병이나 특수한 질환 보유 여부가 업무를 하는 데 있어 중요한 문제가 된다. 아기가 아니라 어린이를 대상으로 하는 경우도 있다. 하는 일은 쉽다면 쉽고 어렵다면 어렵다. 대체로 잠을 많이 자는 아이라면 쉽고, 그렇지 않으면 일이 어렵다고 할 수 있다.

베이비시터의 주요 업무는 다음과 같다. 첫째, 우유 먹이기, 기저귀 갈아주기, 목욕시키기, 잠재우기, 함께 놀아주기, 둘째, 전반적인 양육 서비스 제공, 셋째, 방과 후 숙제 지도 및 준비물 챙겨주기, 넷째, 영어·미술·음악·체육 등의 지도, 다섯째, 필요한 경우 독서 지도, 여섯째, 보육과 관련한 뒷정리, 일곱째, 간단한 설거지 및 집안일 수행 등이다.

이 일은 근무 시간과 근무 환경이 매우 다양하다. 돌보는 아기나 어린이의 집에서 근무할 수도 있고, 베이비시터 본인의 집으로 데려올 수도 있다. 근무 시간도 일정하지 않아서, 최소 2시간부터 길게는 12시간에 이를 때도 있다. 근로 기간 및 요일도 특별히 정해진 것이 없다. 급여는 부모가 잠시 외출했을 때 아이를 돌봐주고 시급이나 일급으로 받거나, 월 단위로 받을 수도 있다. 보통 법정 최저임금을 받는 사례가 많다. 하지만 근무 환경 및 협상에 따라 보수가 달라진다.

베이비시터는 대개 용역알선업체를 통해 일자리를 소개받는데, 개인적으로 직접 일을 맡아서 프리랜서로 활동하면 수수료를 차감하지 않아 더 높은 소득을 올릴 수 있다. 용역알선업체를 이용할 경우에는 업체 운영사항(사업자등록, 알선수수료, 4대 보험 적용 여부 등)

에 대하여 자세히 확인해보아야 한다.

이 직업의 종사자는 20대에서 50대까지 다양한데, 그중에서 40대 여성이 가장 많다. 이 직업은 경력 단절 여성에 대한 차별이나 특별한 학력 제한이 없고, 컴퓨터 활용 능력을 요구하지도 않는다. 어떤 자격증이나 경력이 없이도 쉽게 접근 가능한 직업이다. 아울러 거주하는 지역에서 비교적 일자리를 쉽게 찾을 수 있는 장점이 있어서 경력 단절 여성 가운데 고령자들이 선호한다.

어떤 훈련과 자격증이 필요할까?

- **정규교육** : 학력 제한은 없으나, 유아 교육 관련 전공자가 유리함.
- **직업훈련** : 다수의 교육훈련 과정이 있음.
- **국가자격** : 보육교사
- **민간자격** : 베이비시터(등록)

직업훈련과 자격증 취득 정보는 수시로 변동되어 정확한 정보를 제공하기 힘들므로 다음 사이트를 참조하기 바람.
직업훈련 : HRD-Net(www.hrd.go.kr) / **자격증** : 큐넷(www.q-net.or.kr), 민간자격 정보서비스(www.pqi.or.kr)

| 한눈에 보는 직업별 통계 |

요구 학력	직업 규제	소득 수준	경단취업적합도	직업 전망
❀	❀	❀	❀❀❀❀❀	❀❀❀❀

보험설계사
갈고닦은 말발과 마당발이 빛난다

방카슈랑스(bancassurance)란 말을 한 번쯤 들어보았을 것이다. 은행(bank)과 보험(assurance)을 뜻하는 단어가 합쳐진 프랑스어로, 은행과 보험 업무가 합쳐진 종합금융서비스를 말한다. 또 다른 금융 용어로 핀테크(fintech)란 말이 있다. 금융(finance)과 기술(technology)이 합쳐진 말인데, 금융 서비스가 기술을 만났다는 의미다. 핀테크와 방카슈랑스 덕분에 은행이나 보험사를 직접 방문하지 않고도 금융 업무들을 집에서 편하게 처리할 수 있다. 이른바 홈뱅킹으로 송금, 결제, 외화 환전, 증권 거래, 펀드 가입, 보험료 납입, 보험 가입 등이 가능해진 것이다.

일반인들은 이러한 핀테크와 방카슈랑스 덕분에 편해졌지만, 보험설계사를 포함한 금융인의 입장에서 보면 마냥 반갑지만은 않다. 가령 보험의 경우에도, 보험설계사를 거치지 않고 인터넷에서 직접 가입하면 보험료가 할인되어 인기를 끌고 있다. 국민의 교육 수준

향상과 정보통신의 발달이 이런 변화를 더욱 촉진하고 있다. 이런 추이는 당분간 계속될 것으로 보인다. 이 같은 현실을 반영하듯 상당수 외국 보험사들이 한국을 떠나거나 떠날 준비를 하고 있다.

예전에는 '보험왕'이라 불리는 보험설계사가 일반 샐러리맨 연봉의 10배가 넘는 돈을 벌던 시절이 있었다. 이런 뉴스가 연례행사처럼 신문이나 방송에 보도되었으나, 이젠 찾아보기 어렵다. 금융 환경의 변화로 인해 보험설계사의 설 자리가 점점 줄어들고 있는 형편이다. 그렇기는 하지만 여전히 보험설계사는 인적 네트워크가 좋은 마당발 40~50대들이 선호하는 직업 가운데 하나이다.

보험설계사의 남녀 비율을 살펴보면 여성이 조금 더 높으며, 연령대는 20~50대로 다양하지만 40~50대의 비율이 높은 편이다. 이 직업은 철저하게 실적에 따라 소득이 결정된다. 따라서 소득이 얼마인지에 대해 설명하는 것은 큰 의미가 없다. 대기업 간부보다 소득이 높은 보험설계사도 많다.

보험 영업은 고객관리가 중요하다. 그래서 버는 돈 중에서 상당한 금액이 개인적 영업비로 쓰인다. 보험 영업의 경우 시간을 자유롭게 활용할 수 있다는 장점이 있다. 매일 출근하는 보험설계사도 많지만, 가끔씩 출근하는 보험설계사도 적지 않다. 중요한 것은 실적이기 때문이다.

보험설계사가 수행하는 주요 업무는 다음과 같다. 첫째, 생명, 재해, 자동차, 화재, 해상 등 다양한 형태의 보험 상품 내용을 교육 수강과 공부를 통해 숙지한다. 둘째, 보험과 관련하여 고객에게 보상 종류와 지불 조건, 계약 사항 등을 설명한다. 셋째, 온·오프라인상의 면담과 계약서 작성 등을 통해 고객에게 보험 상품을 판매한다. 넷째, 필요한 경우 고객의 재무 상황과 생활 설계 등을 상담한다. 다섯째, 고객 프로파일을 관리한다.

보험설계사는 경력 단절 여성에 대한 차별이나 특별한 학력 제한이 없고, 뛰어난 컴퓨터 활용 능력을 요구하지도 않는다. 오직 영업 능력 및 실적을 중시한다. 경험이 없는 사람은 기업에서 제공하는 간단한 교육훈련으로 업무 능력을 갖출 수 있다.

어떤 훈련과 자격증이 필요할까?

- **정규교육** : 학력 제한은 없지만, 보험설계사 관련 자격 취득 시 우대함.
- **직업훈련** : 기업체 또는 보험연수원 등에서 실시하는 교육훈련 과정이 있음.
- **국가자격** : 보험중개사
- **민간자격** : 개인보험심사역(공인), 기업보험심사역(공인) 등

직업훈련과 자격증 취득 정보는 수시로 변동되어 정확한 정보를 제공하기 힘들므로 다음 사이트를 참조하기 바람.
직업훈련 : HRD-Net(www.hrd.go.kr) / 자격증 : 큐넷(www.q-net.or.kr), 민간자격 정보서비스(www.pqi.or.kr)

| 한눈에 보는 직업별 통계 |

요구 학력	직업 규제	소득 수준	경단취업적합도	직업 전망
❀	❀❀	❀❀❀	❀❀❀❀❀	❀❀

북멘토
책을 보며, 책을 말한다

　안중근 의사는 단 하루라도 책을 읽지 않으면 입안에 가시가 돋는다고 했다. 앤듀르 랑그는 집은 책으로, 정원은 꽃으로 가득 채우라고 말했다. 이 세상에서 가장 훌륭한 멘토는 누구일까? 바로 책이다. 책은 시간과 공간을 넘어서 존재하는 가장 지혜로운 현자이다. 사실 독서의 중요성은 식상할 정도로 자주 듣지만, 아무리 강조해도 지나치지 않는다. 향후 기계와 경쟁해야 하는 인공지능 시대에 필요한 창의력도 독서를 통해 길러진다. 요즘 자녀의 진로 교육과 진로 탐색이 중요한 화두인데, 여기서도 책은 매우 좋은 수단이 된다.

　그런데 안타깝게도 우리나라 사람들의 독서율은 그리 높지 않으며, 그나마도 점점 더 떨어지고 있는 실정이다. 누구나 독서의 가치를 인정하지만 생활 속에서 쉽게 실천하지 못하고 있는 것이다.

　세상엔 다양하고 많은 책이 있다. 그중에서 꼭 읽을 가치와 필요가 있는 책을 구분하는 것은 중요한 능력이다. 이런 능력을 갖추고

　학생들과 다른 이들의 독서를 도와주고 권장하는 일을 하는 사람이 북멘토이다.
　북멘토의 주요 업무는 다음과 같다. 첫째, 학생들의 감성 파악, 둘째, 학생 및 수강생과의 유대감 형성, 셋째, 학습자 개개인의 적성, 성향, 독서 수준 파악, 넷째, 독서 활동 및 독서 내용에 대한 토론, 다섯째, 상담, 도서 추천, 독서 활동 진행, 독서 콘텐츠 제작, 여섯째, 바른 독서 방법 지도, 일곱째, 독서에 대한 흥미 유발 및 독서 활동 유지 독려, 여덟째, 수강생 및 회원 관리 등이 있다.
　책을 읽는 방법과 책을 가까이하는 습관 등을 가르쳐준다는 측면에서는 기존의 독서지도사가 하는 일과 다소 유사하므로, 북멘토는 자신만의 전문 영역을 설정하고 스킬을 갖추어야 한다. 북멘토는 단순히 책 읽는 방법에 대한 지도를 넘어서, 대상자의 인생 진로에 대한 폭넓은 지도를 해주어야 한다. 수강생의 연령이 높으면 주제별 북멘토로 발전해나갈 수도 있다.

이 직업은 특별한 학력 제한이 없으나 실제 종사자 대부분은 (전문)대학을 졸업한 사람이다. 북멘토는 강사로 활동할 일이 많은데, 강의 의뢰 기관에서 증빙 자료를 요구하므로 독서나 유아 교육과 관련한 졸업장, 자격증, 경력증명서 등이 필요하다. 독서논술지도사나 진로독서지도사 같은 민간자격도 도움이 된다. 또 기초적인 컴퓨터 활용 능력을 갖추어야 한다. 말하기 능력이 중요하며, 높은 소득을 올리려면 고객 네트워크를 잘 관리할 필요가 있다.

어떤 훈련과 자격증이 필요할까?

- **정규교육** : 전문대학 이상의 학력이 요구되며, 유아 교육 및 국어 교육 전공자가 유리함.
- **직업훈련** : 독서지도와 관련한 다수의 교육훈련 과정이 있음.
- **민간자격** : 독서논술지도사(등록), 진로독서지도사(등록) 등

직업훈련과 자격증 취득 정보는 수시로 변동되어 정확한 정보를 제공하기 힘들므로 다음 사이트를 참조하기 바람.
직업훈련 : HRD-Net(www.hrd.go.kr) / 자격증 : 큐넷(www.q-net.or.kr), 민간자격 정보서비스(www.pqi.or.kr)

| 한눈에 보는 직업별 통계 |

요구 학력	직업 규제	소득 수준	경단취업적합도	직업 전망
✿✿✿	✿	✿✿	✿✿✿✿	✿✿✿✿

상담전문가 및 청소년지도사
자신의 취미나 장점을 살린 전문 상담 영역을 찾아라

현대인은 외롭고 경쟁이 심하다. 게다가 알아야 할 것도 배워야 할 것도 많아 스트레스가 심하다. 그래서 상담사도 많다. 주제별로는 진로진학상담, 직업상담, 학교폭력예방상담, 놀이심리상담, 분노조절상담, 음식심리상담, 미술심리상담, 문화심리상담, 다문화가정상담, 타로심리상담, 주거복지상담, 감정대화상담, 인형극심리상담 등 그 수를 헤아리기 힘들 정도다. 또 대상별로는 노인상담, 청소년상담, 아동상담, 가족상담, 부부상담, 외국인여성상담 등이 있다. 모두 합치면 상담이란 용어가 들어간, 국가에 등록된 민간자격증만 수천 종류나 된다.

그러므로 자신이 가진 취미나 장점을 잘 살리면 전문 상담 영역으로 연결시킬 수 있다. 가령 미술을 전공하거나 관련 업무를 했다면, 미술심리상담 영역으로 진출해볼 수 있다.

상담전문가 및 청소년지도사가 수행하는 주요 업무는 다음과 같다. 첫째, 피상담자의 성격, 적성, 지능, 진로 등에 대한 검사 실시와 파악, 둘째, 피상담자의 신체적·정서적 증상 또는 일상생활의 애로사항이나 고충 파악, 셋째, 내·외적 갈등의 문제 해결 및 완화를 위한 지도 및 상담 서비스 제공, 여섯째, 상담 내용 기록 및 일지 작성, 일곱째, 상담 고객의 프로파일 관리 등이다.

상담 업무는 주로 청소년을 대상으로 하지만, 사회적 취약 계층이나 환자를 비롯해서 일반인도 상담 대상이다. 민간 영역에서도 일하지만, 복지 및 교육과 같은 공공서비스 분야에서 일하는 경우가 많다. 따라서 민간자격보다는 신뢰성 있는 국가자격을 취득하는 것이 도움이 된다.

상담 분야에 따라 업무 내용과 적성, 자격 요건 등에서 크게 차이가 있다. 예를 들어 상담전문가는 주로 정상인을 대상으로 하지만, 임상심리사는 병리적 문제 예방 및 부적응증 치료, 변화와 관련한 업무를 수행한다. 이처럼 상담 주제별로 다양한 자격증과 교육훈련이 존재하므로, 무엇보다 자신에게 적합한 분야를 잘 찾는 것이 중요하다. 그리고 민간자격의 경우 교육훈련 업체의 허위·과장 광고에 주의하면서, 꼭 필요한 자격증을 취득하거나 교육훈련을 받는 것이 좋다.

선진국으로 갈수록 상담과 같은 서비스 분야 일자리가 다양하다. 상담 업무는 개인의 고충이나 문제점에 대한 조언을 위주로 하지만, 단체나 기업을 대상으로 하는 컨설팅과 같은 전문 영역으로 발전시킬 수도 있다. 상담은 직접 만나서 얘기하는 면대면 상담부터 전화 상담에 이르기까지 다양한 방식으로 서비스가 제공되므로 파트타임, 풀타임, 재택 등 다양한 형태의 근무가 가능하다. 소득도 주제와 분야에 따라 많은 차이가 있다.

이 직업은 최소 대학 이상의 학력 요건을 갖춰야 하며, 기초적인 컴퓨터 활용 능력이 필요하다. 교육학, 아동학, 사회복지학 등의 전공과 관련성이 높다. 직무 수행을 위해 청소년상담사, 청소년지도사 등의 자격증이 있으면 좋다. 그리고 실제 상담 경험이 중요하다.

어떤 훈련과 자격증이 필요할까?

- **정규교육** : 대졸 이상의 학력이 요구되며, 심리학·교육학·아동학·상담심리학 전공자가 유리함.
- **직업훈련** : 주제별로 다양한 교육훈련 과정이 있음.
- **국가자격** : 청소년상담사, 청소년지도사, 전문상담교사, 직업상담사 등
- **민간자격** : 학교폭력예방상담사(등록), 진로직업상담사(등록), 상담심리사(등록), 청소년심리상담사(등록) 등 주제별로 다양한 민간자격이 존재함.

직업훈련과 자격증 취득 정보는 수시로 변동되어 정확한 정보를 제공하기 힘들므로 다음 사이트를 참조하기 바람.
직업훈련 : HRD-Net(www.hrd.go.kr) / **자격증** : 큐넷(www.q-net.or.kr), 민간자격 정보서비스(www.pqi.or.kr)

| 한눈에 보는 직업별 통계 |

요구 학력	직업 규제	소득 수준	경단취업적합도	직업 전망
✽✽✽	✽✽✽	✽✽	✽✽✽✽	✽✽✽✽✽

소셜스토리텔러
이야기로 사람과 사람을 연결시켜라

컴퓨터와 유무선 통신 기술이 발달하면서 등장한 소셜네트워크 서비스는 사람들의 삶을 빠르게 변화시켰다. 특정한 취미나 관심, 업무를 공유하는 사람들 사이의 관계망을 형성해주면서 빠른 전파력과 사회적 파급력으로 시대의 총아로 떠오르고 있다. 트위터, 인스타그램, 페이스북 등이 대표적이지만, 지금도 새로운 형태와 기능을 갖춘 서비스들이 계속 생겨나면서 영향력을 더욱 확대해가고 있다. 마크 주커버그가 페이스북을 만들기까지의 실화를 그린 영화 〈소셜네트워크〉는 그러한 사회 현상을 반영하고 있다.

소셜네트워크는 이제 친한 친구들 사이에 소식과 안부를 전하는 창구에 그치지 않는다. 무엇보다 마케팅의 핵심 도구로 발전하고 있다. 인스타그램의 경우 맛집 홍보의 도구로 적합하며, 트위터는 빠른 전파력이 장점이다. 파워블로그의 경우 특정 주제에 대한 마니아의 관심을 받기에 적절한 도구이다. 지극히 사적인 이야기나 나와 관

PART 3 나는 자유로운 프리랜서가 좋다 … 183

련한 정보가 홍보와 마케팅의 수단이 될 수 있는 것이다. 요즘 소비자들은 신문이나 TV 광고가 아닌 인터넷이나 SNS를 통해 많은 정보를 얻는다. 만일 전파력과 인지도가 높은 소셜네트워크를 가지고 있다면, 소셜스토리텔러가 되어보라. 당신의 일상생활을 직업으로 삼을 수 있다.

소셜스토리텔러가 하는 일은 다음과 같다. 첫째, 업체를 방문하여 상품 및 기업 정보를 취재한다. 둘째, 취재한 내용을 바탕으로 녹음이나 촬영 영상을 편집하거나 글로 옮긴다. 셋째, 정리된 상품 정보를 각종 SNS에 포스팅한다. 넷째, 포스팅된 내용에 대한 사람들의 반응을 살피고 답글을 단다. 다섯째, 이야기를 통하여 소비자의 공감대를 형성시키고 구매로 연결될 수 있도록 한다.

이 직업은 재택근무 형태로, 프리랜서로 활동하는 사람이 많다. 소셜스토리텔러 관련 프로젝트 기간은 대략 3개월 전후이다. 수입은 수행하는 프로젝트 수에 따라 달라진다. 한 사람이 하나의 프로젝트를 수행할 경우 대략 월 80만~150만 원 정도에서 임금이 형성된다. 경력이 쌓이면 한꺼번에 3~6개 정도의 프로젝트를 동시에 수행할 수 있다. 이 경우 월수입 500만 원 이상도 기대할 수 있다. 프리랜서가 아니라 기업의 마케팅 부서에 취업할 경우에는, 신입사원의 초봉이 대략 연봉 기준으로 2500만~4000만 원 정도이다. 중소기업이 소셜스토리텔러를 정식으로 채용하는 사례는 많지 않다.

이 일을 하기 위해서는 고졸 이상의 학력이면 되지만, 대부분 전문대학 이상의 학력을 가지고 있다. 높은 수준은 아닐지라도 컴퓨터 활용 능력이 필요하다. 만약 직무 수행에 필요한 경험이나 기술이 없다면, 자격과 연계된 교육훈련 프로그램을 찾아보기 바란다. 단기와 중기 과정의 다양한 교육훈련이 있다. 교육훈련 내용은 비교적 쉬운 편이다.

소셜스토리텔러가 되는 데 교육과 자격증이 반드시 필요한 것은 아니다. 가장 중요한 것은 각종 카페, 블로그, 인스타그램, 트위터, 페이스북 등의 활용 경력과 능력이다. 그리고 세심한 관찰력과 창의력이 있어야 한다.

 어떤 훈련과 자격증이 필요할까?

- **정규교육** : 고졸 이상의 학력이면 가능함.
- **직업훈련** : SNS마케터, 소셜스토리텔링 등의 교육훈련 과정이 있음.
- **민간자격** : 소셜스토리텔러(등록), 소셜미디어전문가(등록), 소셜마케터(등록), 소셜브랜딩지도사(등록), 소셜마케팅전문가(등록), 소셜마케팅관리사(등록) 등

직업훈련과 자격증 취득 정보는 수시로 변동되어 정확한 정보를 제공하기 힘들므로 다음 사이트를 참조하기 바람.
직업훈련 : HRD-Net(www.hrd.go.kr) / **자격증** : 큐넷(www.q-net.or.kr), 민간자격 정보서비스(www.pqi.or.kr)

| 한눈에 보는 직업별 통계 |

요구 학력	직업 규제	소득 수준	경단취업적합도	직업 전망
✿✿	✿	✿✿	✿✿✿✿	✿✿✿✿

숲해설가

숲길 따라 이야기가 있다

나무는 이산화탄소를 빨아들이고 산소를 내놓는다. 또 벌레를 퇴치하기 위해 피톤치드를 내놓는데, 피톤치드는 심신의 스트레스를 풀어준다. 이런 나무들이 꽉 들어찬 곳이 숲이다. 숲은 각종 나무와 들꽃, 식물, 새, 벌레, 산짐승들의 이야기를 품고 있다. 그리고 숲에는 자연과 인간의 역사가 공존한다. 숲해설가는 숲이 가진 다양한 특성과 생태계에 대한 이야기를 전해주는 전령사이다. 숲해설가가 들려주는 이야기를 들으며 숲길을 걷다 보면, 신비롭고 다채로운 자연의 세계를 한층 깊이 있게 체험할 수 있다.

숲해설가가 수행하는 주요 업무는 다음과 같다. 첫째, 숲 해설에 필요한 사항을 미리 파악하고 사전에 탐사한다. 둘째, 해설 대상 숲의 특성을 파악한다. 셋째, 숲 해설에 필요한 교재나 학습 자료를 제작한다. 다섯째, 스케줄에 따라 숲 해설을 진행한다. 여섯째, 숲 해설을 하면서 사람들의 질문에 대해 답해준다.

최근 캠핑 및 아웃도어 관련 산업이 크게 성장하였다. 아울러 각 지자체와 국가 차원의 둘레길 개발도 활발하며, 외국인 관광객도 증가하고 있다. 한국의 숲은 중요한 관광 자원이자, 휴식을 위한 자원이다. 과거에는 숲이 단순히 먹고 쉬는 공간으로 인식되었으나, 이제는 숲을 가꾸고 보존하는 일의 중요성이 강조되고 있다.

이런 변화 속에서 숲해설가의 활동도 증가되고 있다. 숲에서 돈을 벌면서 삼림욕도 하고 정신적인 스트레스도 줄일 수 있으니 최고의 근무 환경이다. 일반적으로 숲 해설을 할 때는 산행에 적합한 복장을 해야 한다. 숲 해설은 주말에 이루어지는 경우가 많다. 숲해설가 일을 하다 보면 숲에 대한 전문 지식 외에도 다양한 생태적 특성과 관련한 경험을 축적할 수 있다.

이런 경험을 발판으로 향후 다른 분야의 유관 직업으로 진출할 수 있다. 예

를 들어 녹색생태관광가이드, 생태복원기능사, 숲놀이지도자, 식물채취원 등의 일을 할 수 있다. 숲해설가는 일반적으로 1년 단위로 계약하고, 하루 5만 원에서 10만 원 사이의 수당을 받는다.

특별한 학력 제한이 없고, 컴퓨터를 활용 능력을 요구하지도 않는다. 산림교육전문가 양성 기관에서 산림 교육 전문 과정을 이수하면 산림교육전문가 국가자격을 취득할 수 있는데, 숲해설가, 유아숲지도사, 숲길체험지도사로 나누어진다. 참고로 유아숲지도사는 유아의 산림 교육을 지도하고, 숲길체험지도사는 안전하고 쾌적하게 등산이나 트레킹을 할 수 있도록 지도하는 사람이다. 2016년 11월 현재 전국 32곳에 숲해설가 양성기관이 있다. 산림청 홈페이지(www.forest.go.kr)에서 관련 정보를 얻을 수 있으니 참조하기 바란다. 관련 단체로는 한국숲해설가협회(www.foresto.org)가 있다.

어떤 훈련과 자격증이 필요할까?

- **정규교육** : 학력 제한 없음.
- **직업훈련** : 숲해설가, 자연환경해설사 교육 과정이 있음.
- **국가자격** : 산림교육전문가, 산림치유지도사, 자연생태복원산업기사
- **민간자격** : 생태지도자(등록), 생태교육전문가(등록), 친환경생태교육지도사(등록) 등

직업훈련과 자격증 취득 정보는 수시로 변동되어 정확한 정보를 제공하기 힘들므로 다음 사이트를 참조하기 바람.
직업훈련 : HRD-Net(www.hrd.go.kr) / **자격증** : 큐넷(www.q-net.or.kr), 민간자격 정보서비스(www.pqi.or.kr)

| 한눈에 보는 직업별 통계 |

요구 학력	직업 규제	소득 수준	경단취업적합도	직업 전망
✿	✿✿	✿	✿✿✿✿✿	✿✿✿✿

스토리텔링매니저

이야기 속에서 돈을 건진다

미래 사회를 바꿀 중요한 이슈 몇 가지가 있다. 그중 하나는 인공지능을 포함한 자동화이며, 또 다른 것은 이미지화이다. 자동화는 인간의 지적 능력 중 상당 부분을 컴퓨터 프로그램이 실현하는 방식으로 이는 직업 세계에 큰 변화를 가져올 전망이다. 그리고 의사소통의 주요 수단이 문자적 언어에서 시각적 언어로 변화해가는 이미지화 현상 역시 중요한 사회적 화두이다.

이와 함께 자주 거론되며 부각되고 있는 이슈의 하나가 스토리의 중요성이다. 인간의 뇌는 끊임없이 연결을 원한다. 스토리는 각각의 영역을 연결시키는 마법을 발휘한다. 스토리는 이해하기 힘든 것을 쉽게 이해하도록 도와주며, 동시에 궁금증을 유발시킨다. 그래서 모든 드라마 작가는 가장 재미있는 상황에서 스토리를 끝낸 후 다음 스토리로 연결시키며, 드라마의 최종회는 항상 시청률이 높다.

스토리텔링매니저는 스토리를 이용해 돈을 벌 수 있는 직업 중

하나다. 아직까지는 생소한 직업이지만 이야기를 좋아하고 글쓰기 능력이 있다면 한번 도전해보기 바란다.

스토리텔링매니저는 우리 주변 곳곳에 숨어 있는 다양한 이야기를 발굴하고 이를 상품화하는 일을 한다. 스토리텔링매니저가 수행하는 주요 업무는 다음과 같다. 첫째, 지역 탐방 및 현장조사, 문헌 조사 등을 통한 이야기 발굴 및 자료 수집, 둘째, 시놉시스 및 스토리 구상 등 줄거리 작성, 셋째, 스토리 관련 집필 및 교정 교열 작업, 넷째, 참여 독려 및 홍보, 다섯째, 스토리 구축 및 콘텐츠 가공을 통한 상품화, 여섯째, SNS를 이용한 공동 창작 등이다.

스토리텔링매니저는 혼자 일하는 것이 아니라 대개 여러 사람과 함께 작업한다. 그래서 대인관계가 원만하고 긍정적인 성격을 가진 사람에게 적합하다. 또 언어적 능력이 뛰어난 사람이 유리하다. 작업을 할 때는 저작권에 저촉되지 않는지 꼼꼼히 확인해야 한다.

이 일은 비교적 신생 직업이므로 문화센터 등에서 강의할 일이 많다. 스토리텔링은 수학이나 독서 등 매우 다양한 주제에 적용될 수 있는데, 교육 분야의 경우 접목할 여지가 많아 발전 가능성이 높은 편이다. 회사에 몸담기보다 프리랜서로 활동하는 사람이 많다.

스토리텔링매니저는 고졸 이상의 학력이면 가능하지만, 스토리를 작성해야 하므로 종사자 대부분은 전문대학 이상의 학력을 가지고 있다. 그리고 높은 수준은 아닐지라도 컴퓨터를 활용하는 능력이 필요하다. 해당 교육과 자격증이 필수 요건은 아니다.

만약 직무 수행에 필요한 경험이나 기술이 없다면, 자격과 연계된 교육훈련 프로그램을 찾아보기 바란다. 단기와 중기 과정의 다양한 교육훈련이 있다. 교육훈련 과정은 비교적 쉬운 편이다. 가장 중요한 역량은 재미있는 이야기를 만들고 글을 작성할 수 있는 창작 능력이다.

어떤 훈련과 자격증이 필요할까?

- **정규교육** : 고졸 이상의 학력이면 가능하나, 국어국문학·문예창작·스토리텔링 등을 전공한 사람이 유리함.
- **직업훈련** : 다양한 교육훈련 과정이 있음.
- **민간자격** : 스토리텔링전문가(등록), 스토리텔링지도사(등록), 독서지도사(등록) 등

직업훈련과 자격증 취득 정보는 수시로 변동되어 정확한 정보를 제공하기 힘들므로 다음 사이트를 참조하기 바람.
직업훈련 : HRD-Net(www.hrd.go.kr) / **자격증** : 큐넷(www.q-net.or.kr), 민간자격 정보서비스(www.pqi.or.kr)

| 한눈에 보는 직업별 통계 |

요구 학력	직업 규제	소득 수준	경단취업적합도	직업 전망
❀❀	❀❀	❀❀	❀❀❀❀❀	❀❀❀❀

스포츠 및 레크리에이션 강사
사람들을 웃고 뛰놀게 만든다

 현대사회에서 일과 공부 못지않게 중시되는 것이 여가 활동이다. 고된 작업과 공부로 소모된 심신의 피로를 회복하고 활력을 되찾는 것은 삶의 중요한 요소다. 스스로 기쁨을 느끼는 활동을 찾아 자유와 즐거움을 만끽하는 행위는 인간 본성에 부합하는 것으로 삶의 질에 큰 영향을 끼친다.

 이러한 여가 및 스포츠 활동을 도와주는 사람이 스포츠 및 레크리에이션 강사이다. 스포츠 및 레크리에이션 강사는 수강생들을 웃고 뛰놀게 만든다. 축구, 야구, 농구, 수영, 탁구 등의 스포츠에서부터 에어로빅, 재즈댄스, 요가까지 다양한 종목과 방법이 있다. 어린이의 경우에는 체육 활동이 많지만, 노인들은 노래와 춤 등의 수요가 많다.

 스포츠 및 레크리에이션 강사가 수행하는 주요 업무는 다음과 같다. 첫째, 스포츠와 오락 활동을 진행한다. 둘째, 수강생을 모집한다. 셋째, 수강생의 특성을 파악한다. 넷째, 스포츠 및 레크리에이션을 지도한다. 다섯째, 수강생의 특성과 성과를 평가하고 관리한다.

주된 레크리에이션 대상은 여가 시간이 많은 어린이, 주부, 노인이다. 스포츠 및 레크리에이션 강사는 민간 영역보다는 주로 복지 및 교육과 같은 공공서비스 분야에서 더 많이 활동한다. 따라서 생활체육지도사 등과 같은 신뢰성 있는 국가자격을 취득하면 도움이 된다. 전문 영역이나 주제가 있다면, 그 주제에 부합하는 교육훈련이나 자격증을 취득해야 한다. 이 분야의 경우 일일이 열거하기 힘들 정도로 자격증의 종류가 매우 많다.

요즘에는 낮은 출산율과 고령화에 따라 어린이 대상의 레크리에이션 활동은 줄고, 노인 대상의 여가 활동이 증가하고 있다. 체육 활동도 엘리트 중심 체육에서 생활체육으로 변해가고, 지역 체육 시설도 꾸준히 늘고 있다. 따라서 이 분야의 고용 창출은 앞으로도 계속될 전망이다. 업무를 수행할 때에는 항상 서비스 대상의 안전에 유념해야 하고, 리더십과 긍정적이고 적극적인 성격이 요구된다.

스포츠 및 레크리에이션 강사는 프리랜서뿐 아니라, 파트타임 및 풀타임 근무, 창업 등 다양한 형태로 일할 수 있다. 소득도 개인별로 천차만별이다. 잘나가는 강사는 강사료가 높아 고소득을 올린다.

레크리에이션은 생활체육 외에 노래나 춤, 유머, 사회 및 행사 진행 등의 업무로 연계될 수 있다. 대학 축제, 기업체 연수, 기념 파티, 체육대회 등이 점차 활성화되면서 행사 프로그램을 짜고 노래를 지도하는 레크리에이션 업무에 대한 수요도 증가하고 있다. 실력과 경력에 따라 소득 차이가 크고, 계절적으로 봄과 가을에 일이 많다.

이 직업은 특별한 학력 제한이 없으며 컴퓨터 활용 능력을 요구하지도 않는다. 하지만 해당 스포츠 및 레크리에이션과 관련된 높은 수준의 자격증을 가지고 있거나(예 : 요가지도자 등), 대학에서 체육 교육이나 레크리에이션 관련 학과를 졸업한 사람이 훨씬 유리하다. 타인을 가르치는 일이어서 단기 직업훈련으로 이 직업을 얻기는 쉽지 않다. 물론 운동신경이 매우 좋다면 단기간에 강사 수준의 실력을 배양할 수 있지만, 이런 사람은 현실적으로 드물다.

 어떤 훈련과 자격증이 필요할까?

- **정규교육** : 학력 제한은 없지만, 예체능 분야 관련 전공자가 유리함.
- **직업훈련** : 다양한 세부 체육 및 문화예술, 레크리에이션 분야 교육훈련 과정이 많이 있음.
- **국가자격** : 생활체육지도사 등
- **민간자격** : 레크리에이션지도자(등록), 힐링레크리에이션전문가(등록), 레크리에이션강사(등록) 등

직업훈련과 자격증 취득 정보는 수시로 변동되어 정확한 정보를 제공하기 힘들므로 다음 사이트를 참조하기 바람.
직업훈련 : HRD-Net(www.hrd.go.kr) / **자격증** : 큐넷(www.q-net.or.kr), 민간자격 정보서비스(www.pqi.or.kr)

| 한눈에 보는 직업별 통계 |

요구 학력	직업 규제	소득 수준	경단취업적합도	직업 전망
❀	❀❀❀	❀❀	❀❀❀❀❀	❀❀❀❀❀

아이디어컨설턴트
상상력과 창의력으로 사업을 키우다

　미래 사회의 인재상을 이야기할 때, 흔히 좌뇌가 아닌 우뇌형의 인재가 필요하다고 말한다. 좌뇌가 논리력을 담당한다면, 우뇌는 창의력을 담당한다고 알려져 있다. 즉 창의력이 중요한 시대라는 말이다. 아이디어컨설턴트는 새로운 상상력과 창의력으로 사업을 쑥쑥 키워주는 일을 한다. 기존의 틀을 벗어나 새로운 접근과 혁신을 통해 닫힌 소비자의 지갑을 어떻게 열지 고민하는 사람이다.

　아이디어컨설턴트가 수행하는 주요 업무는 다음과 같다. 첫째, 고객의 주문 사항 파악, 둘째, 새로운 제품 및 아이디어 구상을 위한 트렌드 파악, 셋째, 유사 제품 및 시장 분석, 넷째, 새로운 제품이나 서비스 개념 구상, 다섯째, 기존 제품과의 차별화 및 혁신 포인트 표현, 여섯째, 고객 대상 발표 및 평가, 일곱째, 수정 및 시행, 여덟째, 소비자와 시장 반응 조사, 아홉째, 고객 관리 및 응대 등이다.

　아이디어컨설턴트는 신생 직업이다. 따라서 이 직업과 관련된

정보와 교육훈련 프로그램이 많지 않다. 다양한 산업 분야에서 아이디어컨설턴트를 필요로 하므로 직무의 범위가 광범위하다고 볼 수 있다. 주제별 또는 분야별로 특화된 아이디어를 만들어낸다면 해당 분야에서 우위를 점할 수 있다. 아이디어는 즐거운 환경에서 나올 수 있으므로 비교적 작업 환경이 좋아야 한다.

임금 수준은 실력 및 경력에 따라 차이가 있을 수 있다. 현업 종사자의 경우 국내 기업의 평균 연봉 수준으로 추정되나, 프리랜서 및 자영업자가 많으므로 정확한 소득은 추정하기 어렵다. 앞으로는 창의적인 아이디어가 부의 창출 수단이 될 것이며, 그 중요성이 점점 더 증가할 것이다. 늘 똑같은 일을 반복하는 게 싫고 창의적 능력을 발휘하고 싶은 사람에게 어울리는 직업이다.

아이디어컨설턴트가 되려면 최소 전문대학 이상의 학력이 필요하며, 경영학이나 마케팅 관련 경험자가 유리하다. 아이디어컨설턴트와 관련한 직접적인 교육 과정과 자격증은 별로 없다. 소비자전문상담사나 창작컨설턴트 같은 관련 자격증이 취업에 도움은 되지만 필수 요건은 아니다.

　해당 분야 경험이 전혀 없는 경우, 교육이나 자격 취득으로 이 일을 수행하기는 쉽지 않다. 기술이나 기능보다 경력이 중요한 분야이기 때문이다. 아이디어컨설턴트의 업무에는 보고서 작성 등이 포함되므로 컴퓨터 활용 능력도 필요하다. 경력 단절 이전에 광고기획 등과 같은 유관 분야에서 일한 경험이 있으면 좋다.

어떤 훈련과 자격증이 필요할까?

- **정규교육** : 전문대학 이상의 학력을 요구함.
- **직업훈련** : 교육이 쉽지 않으므로 활성화되어 있지 못함.
- **국가자격** : 소비자전문상담사 등이 일부 관련 있음.
- **민간자격** : 창직컨설턴트(등록), 감성라이프컨설턴트(등록) 등이 일부 유사함.

직업훈련과 자격증 취득 정보는 수시로 변동되어 정확한 정보를 제공하기 힘들므로 다음 사이트를 참조하기 바람.
자격증 : 큐넷(www.q-net.or.kr), 민간자격 정보서비스(www.pqi.or.kr)

| 한눈에 보는 직업별 통계 |

요구 학력	직업 규제	소득 수준	경단취업적합도	직업 전망
❋❋❋	❋❋	❋❋❋	❋❋❋❋❋	❋❋❋❋❋

에코쿡스토리에디터
유기농 요리와 이야기가 만나다

요즘 사람들은 다들 라면, 콜라, 햄버거와 각종 냉동식품에 익숙해져 있다. 이런 인스턴트 음식과 정크푸드는 부지불식간에 우리 몸 속의 DNA를 조금씩 병들게 만든다. '의학의 아버지'라 불리는 히포크라테스는 "음식으로 고칠 수 없는 병은 약으로도 고칠 수 없다."라고 했다. 섭생의 중요성을 잘 드러낸 말이다.

이런 섭생의 중요성을 요리를 통해 직접 실천하며 교육하는 사람이 에코쿡스토리에디터이다. 우리 몸에 좋은 유기농 재료를 활용한 각종 레시피를 개발할 뿐 아니라, 요리 재료 및 과정에 스토리를 담아 메시지를 전달한다. 이야기와 유기농 요리라는 두 가지 영역을 결합하여, 미각이 형성되고 식감이 발달하며 식습관 등의 영양 교육이 이루어지는 유아들의 발달을 촉진하는 역할을 한다.

에코쿡스토리에디터가 수행하는 주요 업무는 다음과 같다. 첫째, 스토리에 맞는 레시피 개발, 둘째, 시뮬레이션 후 스토리에 맞게

수업 진행, 셋째, 수업 진행 시 요리 재료에 스토리 부여(예: 버섯의 효능, 모양, 특징 등), 넷째, 각 요리 과정마다 흥미와 궁금증을 유발할 스토리 부여, 다섯째, 스토리 및 조리법 수정, 여섯째, 조리 후 정리 정돈, 일곱째, 스토리의 수정 및 보완 등이다.

에코쿡스토리에디터는 발전 가능성이 매우 높은 직업이다. 어린이를 대상으로 하므로 당분간 안정적 시장이 형성될 것으로 예상된다. 최근에 등장한 아동 요리 관련 전문가에 스토리를 접목시킨 직업이므로, 요리를 좋아하는 젊은 엄마들에게 인기가 있을 가능성이 높다.

이 일을 잘 수행하려면 말솜씨가 좋아야 하며, 새로 성장하고 있는 직업 분야이므로 자기만의 스토리를 만드는 것이 중요하다. 문화센터, 보육센터, 어린이 관련 기관에서 주로 일하며 프리랜서로 활동할 수 있다. 스토리, 요리, 아동 심리를 잘 연결하면 좋은 에코쿡스토리에디터가 될 수 있다. 소득은 활동 시간과 개인의 능력에 따라 차이가 난다.

이 직업은 특별한 학력 제한이 없다. 하지만 실제 종사자 대부분은 (전문)대학을 졸업한 사람이다. 요리나 유아 교육 등의 전공자가 유리하다. 이 일을 위해서 별도로 자격을 취득할 필요는 없지만, 강사로서 활동할 일이 많으므로 조리 및 보육교사, 유치원정교사 자격증이 있으면 도움이 된다. 해당 분야 경험이 없다면 자격증과 연계된 동화구연, 아동 요리와 관련한 교육 훈련을 받으면 도움이 된다. 경력 단절 여성이 쉽게 접근할 수 있는 분야이다.

어떤 훈련과 자격증이 필요할까?

- **정규교육** : 학력 제한은 없으나, 조리와 유아 교육 관련 전공자가 유리함.
- **직업훈련** : 직접적으로 연관된 교육훈련은 많지 않지만, 간접적인 교육훈련은 다수 있음.
- **국가자격** : 한식조리기능사, 양식조리기능사, 보육교사 등
- **민간자격** : 스토리텔링전문가(등록), 스토리텔러(등록), 아동요리지도사(등록) 등

직업훈련과 자격증 취득 정보는 수시로 변동되어 정확한 정보를 제공하기 힘들므로 다음 사이트를 참조하기 바람.
직업훈련 : HRD-Net(www.hrd.go.kr) / **자격증** : 큐넷(www.q-net.or.kr), 민간자격 정보서비스(www.pqi.or.kr)

| 한눈에 보는 직업별 통계 |

요구 학력	직업 규제	소득 수준	경단취업적합도	직업 전망
❀	❀	❀	❀❀❀❀❀	❀❀❀❀❀

아트 토이 디렉터
귀여운 장난감이 돈이 된다

이제 장난감은 더 이상 아이들의 전유물이 아니다. 취미로 장난감을 만드는 어른들이 점점 늘고 있으며, 여기서 한 발 더 나아가 장난감에 자신만의 예술적 감각을 담아 그림을 그린 '아트 토이'도 등장했다. 간단하게 말해 종이 대신 장난감에 그림을 그린다고 보면 된다. 동일한 모양의 장난감이라도 그리는 사람에 따라 디자인이 달라지니 각각 개성이 넘친다. 아트 토이(art toy)를 '플랫폼 토이(platform toy)', '디자이너 토이(designer toy)'라고 부르기도 한다. 일본의 베어브릭, 큐브릭, 홍콩의 퀴, 몰리 등이 유명하다. 우리나라 제품으로는 전구 모양의 '윕'이라는 아트 토이가 있다.

요즘은 아트 토이와 관련한 공모전도 자주 열리는 추세이며, 장난감의 상업적 용도 또한 커지고 있다. 각종 전시장이나 가게의 소품으로 아트토이가 많이 활용되고 있다. 장난감은 익숙하지 않은 공간에 대한 두려움이나 거부감을 줄여줄 수 있는 좋은 도구이기 때문이

다양한 아트 토이 : 오른쪽부터 베어브릭, 퀴, 윱

다. 이런 아트 토이를 기획·제작·유통하고, 여러 작가들의 작품을 모아 전시나 이벤트를 열거나 브랜화하는 일을 맡고 있는 사람을 '아트토이디렉터'라고 한다.

아트토이디렉터가 수행하는 주요 업무는 다음과 같다. 첫째, 신문, 잡지, 웹진, 각종 온·오프라인 매체를 통한 자료 수집, 둘째, 수집된 자료를 바탕으로 한 아이템 선정, 셋째, 고객의 요구사항 파악과 제안서 작성, 넷째, 일러스트레이터나 포토샵 등을 통한 밑그림 작업, 다섯째, 밑그림 확정 후 아트 토이의 직접 또는 외주 제작, 여섯째, 아트 토이에 대한 온·오프라인 홍보 등이다.

아트토이디렉터는 개인적인 프리랜서 활동도 가능하지만, 기업체의 특정 부서에서 일하는 사람도 많다. 아트토이디렉터와 관련한 정확한 고용 현황은 파악되지 않은 실정이지만 개인적인 상황에 따라 소득과 근로 여건 등에 있어서 편차가 클 것으로 보인다.

아트 토이는 아직까지는 마니아를 중심으로 수집·공유되는 상황이지만, 앞으로는 상품화하거나 마케팅 등에 활용하는 사례가 점점 늘어날 것이다. 아트 토이를 마케팅이나 전시 등에 활용하는 비즈

니스 사례가 많아짐에 따라 아트토이디렉터의 역할도 커질 것으로 보인다.

이 직업은 다양한 산업 분야에서 사람을 모집한다. 최소 전문대학 이상의 학력을 요구하며, 디자인이나 경영학의 마케팅 관련 경험자가 유리하다. 자격증 소지보다는 디자인 관련 프로그램인 3D Max, 3D 라이노 등을 사용할 수 있는 능력이 필요하며, 창의력과 미적 감각이 요구된다. 전공 학력이나 경력이 없는 사람이 단기간의 교육으로 취업하기는 어렵다. 다만 취미로 접근하는 경우에는 관련 전공이나 경력, 자격 등이 없어도 가능하다.

어떤 훈련과 자격증이 필요할까?

- **정규교육**: 학력 제한은 없으나, 시각디자인, 공업디자인 전공자가 유리함.
- **직업훈련**: 아트토이 관련 전문 교육은 많지 않으며, 3D 디자인 프로그램이 도움이 됨.
- **민간자격**: 클레이아트지도사(등록), 클레이아트(등록) 등

직업훈련과 자격증 취득 정보는 수시로 변동되어 정확한 정보를 제공하기 힘들므로 다음 사이트를 참조하기 바람.
직업훈련 : HRD-Net(www.hrd.go.kr) / 자격증 : 큐넷(www.q-net.or.kr), 민간자격 정보서비스(www.pqi.or.kr)

| 한눈에 보는 직업별 통계 |

요구 학력	직업 규제	소득 수준	경단취업적합도	직업 전망
✿✿	✿	✿✿	✿✿✿✿	✿✿✿✿

온라인마케터

가상의 공간에서 물건을 판매하다

과거에는 신문, 잡지, TV, 라디오 등이 커뮤니케이션과 홍보의 주요 수단이었다. 그러나 이제는 페이스북, 트위터, 라인, 카카오톡, 인스타그램, 유튜브, 블로그, 카페 등 온라인 매체가 이를 대체해가고 있다. 온라인 매체의 종류는 점점 다양해지며, 그 공간과 영향력은 날로 확대되는 상황이다.

이에 따라 소비자의 꽁꽁 닫힌 지갑을 여는 마케팅 방법도 오프라인에서 온라인으로 중심축이 옮겨가는 추세이다. 이로 인해 온라인을 바탕으로 하는 웹이나 스마트폰 비즈니스의 중요성이 높아지고 있다. 실제로 TV, 신문, 옥외 간판 등의 광고 매체가 대부분 마이너스 성장을 하고 있지만, 온라인 광고 시장은 지속적인 성장세를 보이고 있다. 이에 따라 기업의 온라인 마케팅 전문가에 대한 수요도 증가하고 있다.

이런 사회 변화 속에서 떠오르는 직업이 온라인마케터이다. 다양한 산업 분야에서 온라인마케터를 모집하고 있다. 온라인마케터는 현실이 아닌 가상의 공간에서 소비자에게 물건을 판매하거나 홍보, 캠페인, 상담, 조사 등의 업무를 수행하는 사람이다.

온라인마케터가 수행하는 주요 업무는 다음과 같다. 첫째, 웹사이트의 기획 및 관리, 둘째, 선정된 홍보물이나 판매물과 관련한 교육, 셋째, 행동 요령 및 응대 방법에 따른 온라인 마케팅 방법 숙지, 넷째, SNS를 통한 정보 제공 및 고객 상담, 다섯째, 온·오프라인을 연계한 캠페인 기획 및 운영, 여섯째, 고객의 불편사항 전달 및 응대 업무 등이다.

온라인마케터의 보수는 개인의 역량과 성과에 따라 차이가 있다. 적게는 1700만 원에서 많게는 3000만 원 이상을 받기도 한다. 근무 시간은 보통 오전 9시에서 오후 6시까지이고, 주 5일 근무를 한다. 이 일을 수행하기 위해서는 컴퓨터나 스마트폰을 잘 활용할 줄 알아야 한다. 특히 각종 카페, 블로그, 인스타그램, 트위터, 페이스북 등의 활용 경험과 능력이 중요시된다. 동일한 내용을 다양한 곳에 홍보해야 하므로 단순 반복적 업무가 많으며, 까다로운 고객이나 블랙컨슈머(고의로 악성 민원을 제기하는 소비자)에 유의해야 한다.

최소 전문대학 이상의 학력을 요구하며, 마케팅 관련 경험자가 유리하다. 그러므로 자격증 소지보다 홍보 및 마케팅 관련 경력을 더 중요하게 여긴다. 기획 보고서를 작성할 수 있는 정도의 컴퓨터 활용 능력이 필요하다. 경력이 없는 사람이 단기간의 교육을 거쳐 정규직으로 취업하는 것은 쉽지 않다. 하지만 비정규직이나 프리랜서로 활동할 경우에는 정규교육이나 경력보다 소셜네트워크와 관련한 컴퓨터 활용 능력이 더 중요하다. 컴퓨터는 늘 진화하고, 기능 및 사용 방법도 변화하며, 새로운 인기 SNS 프로그램이 생겨나므로 변화에 빠르게 적응하는 것이 중요하다.

어떤 훈련과 자격증이 필요할까?

- **정규교육** : 전문대학 이상의 학력이 요구되며, 광고학·심리학·경영학·경제학·마케팅 관련 전공자가 유리함.
- **직업훈련** : 온라인마케팅 관련 훈련 과정은 아주 많은 편임.
- **민간자격** : 브랜드마케터(등록), 광고기획마케터(등록), 언론홍보마케터(등록), SNS마케터(등록), 소셜마케터(등록), SNS마케터컨설턴트(등록), 검색광고마케터(등록) 등

직업훈련과 자격증 취득 정보는 수시로 변동되어 정확한 정보를 제공하기 힘들므로 다음 사이트를 참조하기 바람.
직업훈련 : HRD-Net(www.hrd.go.kr) / **자격증** : 큐넷(www.q-net.or.kr), 민간자격 정보서비스(www.pqi.or.kr)

한눈에 보는 직업별 통계

요구 학력	직업 규제	소득 수준	경단취업적합도	직업 전망
❀❀	❀❀	❀❀	❀❀❀❀	❀❀❀❀

음악치료사
멜로디로 마음의 상처를 치료하다

《논어》에 "흥어시, 입어례, 성어악(興於詩, 立於禮, 成於樂)"이라는 구절이 있다. 시로써 일어나고, 예로써 세우며, 음악으로써 이룬다는 뜻으로 인간됨과 교양의 발달 과정을 표현한 공자의 말씀이다. 음악은 사람의 마음을 울리는 묘한 재주가 있다. 사람의 마음을 기쁘게도 구슬프게도 만든다. 난타 공연처럼 마음을 후련하게 만들기도 한다. 직접 연주하면 더욱 통쾌하다. 그래서 음악은 마음의 상처를 치료할 수 있는 좋은 수단이자 방법이다.

음악치료사는 피아노, 바이올린, 첼로, 북 등을 통해 자폐증이나 우울증 등을 앓는 사람들의 마음을 치유하는 일을 한다. 음악치료사 중에는 음악학, 심리학, 아동학 등의 전공자들이 많지만, 음악을 좋아한다면 일반인도 음악치료사에 도전해볼 수 있다.

음악치료사의 주요 업무는 다음과 같다. 첫째, 내담자에 대한 정신과 의사의 일차적인 진단이 이루어진 후 해당 환자의 이상 상태를

파악한다. 둘째, 내담자가 가진 질환에 맞는 음악 치료 계획을 세운다. 셋째, 내담자와 함께 피아노나 드럼, 북 등의 악기를 이용해서 즉흥적으로 연주한다. 넷째, 내담자가 직접 작곡을 하도록 도우면서 환자의 음악적 표현을 이끌어낸다. 다섯째, 내담자의 음악 연주를 듣고 진단하고 평가한다. 여섯째, 내담자 또는 보호자에게 치료 진행 과정 및 결과를 전달한다. 일곱째, 내담자 또는 보호자에게 음악적 치료 방법을 제시한다. 여덟째, 내담자의 치료 과정 또는 개선 상황을 동영상으로 기록한다. 아홉째, 내담자를 모니터링하고 그 기록물을 관리한다.

일반적으로 음악치료사는 사회복지관, 학교, 병원 치료실 등에서 일한다. 시간 선택적 탄력 근무가 가능한 일자리와 프리랜서 일자리가 많은 편이다. 그리고 다루는 악기에 따라 직무 특성이 다소 차이가 난다.

임금은 개인의 경력에 따라 차이가 있으며, 수준에 따른 차이도 크다. 한 달에 네 번 치료한다고 가정할 경우, 대개 15만~20만 원 정도에서 수당이 결정된다. 월급의 경우 근로 조건과 개인별로 차이가 있지만 150만~300만 원 정도다. 음악치료사가 되기 위해서는 심리학과 음악적 지식이 중요하며, 내성적 성격보다 외향적 성격을 가진 사람이 유리하다.

전문대학 이상의 학력이 요구되며, 상담과 음악적 능력이 중요한 관건이 된다. 따라서 음악이나 상담과 관련된 정규 학력이나 경력이 있는 사람이 취업 가능성이 높다. 이 분야에 대한 경험이나 자격이 없다면, 자격증과 연계된 교육훈련을 통하여 기술이나 기능을 갖추어야 한다. 컴퓨터는 기초적인 수준에서 다룰 줄 알면 된다.

어떤 훈련과 자격증이 필요할까?

- **정규교육** : 전문대학 이상의 학력이 요구되며, 음악과 상담 관련 전공자가 유리함.
- **직업훈련** : 다수의 교육훈련 과정과 악기별 프로그램이 있음.
- **민간자격** : 음악심리상담사(등록), 임상음악사(등록), 음악지도사(등록) 등 매우 다양함.

직업훈련과 자격증 취득 정보는 수시로 변동되어 정확한 정보를 제공하기 힘들므로 다음 사이트를 참조하기 바람.
직업훈련 : HRD-Net(www.hrd.go.kr) / **자격증** : 큐넷(www.q-net.or.kr), 민간자격 정보서비스(www.pqi.or.kr)

| 한눈에 보는 직업별 통계 |

요구 학력	직업 규제	소득 수준	경단취업적합도	직업 전망
❋❋❋	❋❋	❋❋	❋❋❋❋	❋❋❋❋

전자출판전문가
종이 없는 책 만들기

대학도 사이버대학이 늘어나고 있듯이 출판도 전자출판이 늘어나고 있다. 아직은 종이책 출판이 주류를 이루고 있지만 스마트폰, 노트북, 이북리더기 등의 전자 매체를 이용하는 전자출판 시장 규모도 빠른 속도로 성장하고 있다. 수백, 수천 권의 종이책을 하나의 전자 장치에 담아 편리하게 읽을 수 있는 것이 전자책의 가장 큰 장점이다. 요즘에는 부드럽게 휘어지며 종이책의 질감을 재현하는 전자 종이인 e-페이퍼도 적극 개발되고 있다.

앞으로도 종이책이 완전히 사라지지는 않겠지만, 편리하고 경제적인 전자 매체를 이용한 출판과 독서는 점차 더 늘어날 것이다. 이러한 사회 변화 속에서 생겨난 직업이 전자출판전문가이다. 흔히 말하는 디지털 콘텐츠의 기획부터 이펍(E-PUB)의 제작 및 홍보, 배포 등의 업무를 한다. 이펍은 전자책 국제표준 단체인 국제디지털출판포럼에서 정한 개방형 전자책 포맷을 말한다.

전자출판전문가가 구체적으로 수행하는 업무는 다음과 같다. 첫째, 전자출판물 대상 선정(전자출판물의 콘셉트 도출), 둘째, 관련 전자출판물의 저자 섭외 및 확보, 셋째, 전자출판을 위한 계약, 넷째, 전자출판을 위한 편집(내용 및 디자인 등), 다섯째, 전자출판물의 유통 전략 및 홍보 방법 모색 등이다.

이펍을 활용한 전자책 제작 작업은 시간과 공간의 제약을 크게 받지 않는다. 컴퓨터만 있으면 어디서든 작업할 수 있다. 그래서 재택 근무자와 프리랜서가 많고, 개인 자영업 형태도 적지 않다.

출판업계의 특성상 근무 시간 및 근로 여건은 매우 탄력적이다. 출판사에 소속되어 작업할 경우에는 월급을 받으며, 프리랜서의 경우는 작업량에 따른 수당을 받는다. 또한 판매량이나 실적에 비례한 능력급을 받는 사람도 있다. 초임의 경우 연봉은 중견 출판사의 경우 대략 2000만~2500만 원이다. 규모가 작은 출판사의 경우 최저임금 수준에서 일하는 사례도 많다. 반면 5년차 대리급이 되었을 땐 연봉이 대략 2500~3500만 원 정도 된다. 업무가 숙달된 경력자의 경우 월 500만 원 넘게 버는 사람도 있다.

이 직업에 특별한 전공 제한은 없다. 하지만 최소 전문대학 이상의 학력을 요구하며, 보고서나 책을 기획·집필·교정하기 위해서는 국어 능력이 무엇보다 중요하다. 기획 보고서를 작성할 수 있을 정도의 컴퓨터 활용 능력이 필요하며, 아울러 전자출판을 위한 전문 편집 프로그램을 다룰 줄 알아야 한다. 만약 출판과 관련한 경력이 없다면 교육 및 취업 준비 기간이 길어질 수 있다. 따라서 일정한 국어 실력과 컴퓨터 활용 능력을 갖춘 경력 단절 여성이 도전해볼 만한 일이다.

국가자격으로 전자출판기능사 자격이 있다. 민간자격으로는 전자출판전문가 자격이 있다. 전자출판과 관련한 다양한 교육훈련 프로그램이 개설되어 있는데, 국비 지원 혜택을 받을 수 있다. 관련 단체로는 한국전자출판협회(www.kepa.or.kr)와 한국전자출판연구회(www.dtp.or.kr)가 있다.

어떤 훈련과 자격증이 필요할까?

- **정규교육** : 전문대학 이상의 학력이 요구되며, 국어국문과·문예창작과 등의 전공자가 다소 유리함.
- **직업훈련** : 다양한 교육훈련 과정이 있음.
- **국가자격** : 전자출판기능사
- **민간자격** : 전자출판전문가(등록), 광고기획마케터(등록) 등

직업훈련과 자격증 취득 정보는 수시로 변동되어 정확한 정보를 제공하기 힘들므로 다음 사이트를 참조하기 바람.
직업훈련 : HRD-Net(www.hrd.go.kr) / **자격증** : 큐넷(www.q-net.or.kr), 민간자격 정보서비스(www.pqi.or.kr)

| 한눈에 보는 직업별 통계 |

요구 학력	직업 규제	소득 수준	경단취업적합도	직업 전망
❋❋❋	❋❋	❋❋	❋❋❋❋❋	❋❋❋❋

주방보조원
음식적 개업을 위한 밑거름으로 삼자

　사실 주방보조원을 직업으로 삼고 싶은 사람은 별로 없을 것이다. '배운 게 도둑질'이란 표현을 떠올리게 만드는 직업이기도 하다. 습관이 되어 익숙해진 일이나 별다른 재주가 없음을 나타낼 때 쓰는 말이지만, 경력 단절 여성이 이 일을 하게 되었을 때 자조적으로 내뱉는 말이기도 하다. 주부의 경우 요리를 하고 주방 일을 하는 데 익숙하니 이 일에 대한 거부감이 없는 데다 자격증이나 경력도 없으니 쉽게 선택할 수 있는 직업이다. 또한 거주 지역에서 일자리를 쉽게 찾을 수 있는 장점이 있어서 중·고령자들이 선호한다.
　하지만 주방보조원을 너무 쉽게 생각해서는 안 된다. 이 일은 정식 셰프 또는 특급 요리사가 되기 위한 수련 과정이 될 수도 있기 때문이다. 가령 요리를 배우기 위해 유학을 갔을 때, 일정 기간 설거지와 재료 손질 등의 주방 보조 일만 하다가 나중에 정식으로 요리를 배우게 되는 경우가 많다. 나중에 음식점을 개업하거나 전문 분야의 셰프가 되고 싶다면, 희망하는 요리 분야를 잘 따져보고 이 일을 하면 도움이 된다.

주방보조원이 하는 일은 다음과 같다. 첫째, 주방장 또는 영양사의 지시에 따라 조리를 보조한다. 둘째, 음식 재료 씻기와 다듬기, 셋째, 간단한 음식 만들기, 넷째, 식재료 옮기기, 설거지, 주방 청소, 남은 음식 처리하기, 다섯째, 주방 내의 기타 업무 보조하기 등이다.

작은 업소의 경우 1~2명의 주방보조원이 하루 10시간 이상 일하기도 하며, 큰 업소의 경우 오전과 오후로 나누어 교대로 근무하기도 한다. 경력에 따라 임금에 차이가 나지만, 일당 형식으로 대개 5만 원 이상을 받는다. 질병이 없어야 하며, 위생을 위해 항상 주방의 청결을 유지하는 것이 중요하다. 주방보조원에게 조리사 자격은 필수 사항이 아니지만 기본적인 조리 능력은 갖추는 게 좋다.

어떤 훈련과 자격증이 필요할까?

- **정규교육** : 학력 제한 없음.
- **직업훈련** : 특별한 교육훈련 없이 업무 수행 가능함.
- **국가자격** : 한식조리기능사, 양식조리기능사, 일식조리기능사, 중식조리기능사 등

직업훈련과 자격증 취득 정보는 수시로 변동되어 정확한 정보를 제공하기 힘들므로 다음 사이트를 참조하기 바람.
직업훈련 : HRD-Net(www.hrd.go.kr) / **자격증** : 큐넷(www.q-net.or.kr), 민간자격 정보서비스(www.pqi.or.kr)

| 한눈에 보는 직업별 통계 |

요구 학력	직업 규제	소득 수준	경단취업적합도	직업 전망
✽	✽	✽✽	✽✽✽✽	✽✽

학습지 및 방문교사
틀리면 땡, 맞으면 딩동댕~

요즘 학부모와 교사들 사이에서는 초4병이라는 단어가 회자되고 있다. 빨라진 사춘기와 스마트폰의 영향, 그리고 초등학교 고학년 생활이 시작되면서 늘어나는 공부 스트레스가 원인이 되어 중2병보다 무섭다고 한다. 이 때문에 학습지 및 방문교사에게도 초등학교 4학년이 가장 어려운 교육 대상이 되고 있다고 한다.

학습지 및 방문교사는 단순히 학교 교육을 보조한다는 생각만으로 업무를 수행하면 안 된다. 지도하는 과목은 교사마다 다르지만, 담당한 교과목에 대해서는 전문가답게 교과서뿐만 아니라 파생된 연관 지식과 입시 관련 출제 동향 등을 파악하고 있어야 한다. 아울러 아이들이 수업 시간에 지루하지 않도록 수업을 잘 이끌어가고, 개인적인 학습 관련 고민이나 학습 방법 등에 대해 조언해 줄 수 있어야 한다.

학습지 및 방문교사가 수행하는 주요 업무는 다음과 같다. 첫째,

학습 지도안을 작성하고 수업 자료를 준비한다. 둘째, 가정을 방문하여 학습지를 전달하고, 수업을 진행한다. 셋째, 과제를 내주고 결과를 검토한다. 넷째, 학생의 학습 정도를 평가한다. 다섯째, 평가 결과를 학습 진도 계획에 반영하며 학습 지도와 관련하여 학부모와 상담한다. 여섯째, 기존 회원을 관리하고 신규 회원 확보를 위한 영업 활동을 한다.

학습지 및 방문교사 종사자는 여성의 비율이 상당히 높다. 연령층은 20대부터 50대까지 다양하지만 30~40대의 비율이 가장 높다. 근무 시간은 정해져 있는 경우도 있지만, 보통은 융통성 있게 조정하여 운영되는 편이다. 밤이나 주말에 강의가 이루어지는 경우가 많아 출퇴근 시간이 늦을 수 있다. 학습지 및 방문교사는 사회성이 높은 사람에게 적합한 직업이다.

학령 인구 감소 추세에도 불구하고 사교육 시장에서 학원강사의 수요는 쉽게 줄어들지 않고 있다. 일반적으로 학원강사의 경우 온라인 또는 오프라인상에서 경쟁이 치열하다. 학원들의 대형화와 체인화 추세 속에서 중소 규모 학원들은 재정적으로 경영난을 겪고 있기도 하다. 아울러 우리 사회가 당면하게 될 인구절벽 현상은 학습 자원의 감소로 연결되므로, 장기적으로는 학습지 및 방문교사의 일자리가 줄어들 가능성이 높다. 하지만 단기 및 중기적 관점에서 본다면 당분간은 큰 문제가 되지 않을 것이다.

학습지 및 방문교사는 최소 전문대학 이상의 학력 요건을 갖춰야 하며, 기초적인 컴퓨터 활용 능력이 필요하다. 대학에서 교육학,

국어국문학, 영어영문학, 수학, 국어교육학, 수학교육학, 영어교육학 등을 전공하면 보다 쉽게 일자리를 찾을 수 있다. 직무 수행 시 필요한 특별한 자격증은 많지 않다. 주로 교육 관련 채용기관에서 자체 교육훈련을 많이 시키므로 별도의 직업 자격과 직업훈련이 필요한 사례는 많지 않다.

어떤 훈련과 자격증이 필요할까?

- **정규교육** : 대졸 이상을 선호하며, 교육(국어, 영어, 수학 등) 관련 전공자를 우대함.
- **직업훈련** : 해당 기업 차원의 자체 교육이 중요함.
- **직업 자격** : 특별한 자격증 없이 업무 수행 가능함.

| 한눈에 보는 직업별 통계 |

요구 학력	직업 규제	소득 수준	경단취업적합도	직업 전망
❀❀❀	❀❀	❀❀	❀❀❀❀	❀❀❀

3D프린팅숍매니저 | 공예원 | 메이크업아티스트 | 바리스타 | 북아티스트 | 애완동물미용사 | 작물재배종사자 | 제과제빵사 | 조리사 | 페도티스트 | 피부관리사

나는 회사를 운영하는 사장이 되고 싶다
– 창업을 위한 디딤돌로 삼을 수 있는 직업

3D프린팅숍매니저
이제는 3D가 대세다

3D프린팅은 CAD를 이용하여 디자인한 설계도나 실제 모형을 스캔하여 얻은 데이터를 가지고, 사물을 입체적으로 프린트하는 기술이다. 우리가 흔히 쓰는 일반적인 프린터는 평면에 그림이나 글씨를 인쇄하는 2차원 프린터고, 3D프린터는 입체로 물건을 찍어내는 3차원 프린터다.

3D프린터는 원래 기업에서 제품을 출시하기 전에 시제품을 제작하려는 목적으로 만들어졌다. 이후 활용 분야가 넓어져 식품업계와 의료업계까지 확대되었다. 미국의 비헥스라는 회사에서는 미국 항공우주국(NASA, 나사)의 의뢰로 우주에서 먹을 음식을 만드는 3D 푸드프린터를 개발하기도 했다. 미래 세계에서나 일어날 거라고 생각한 놀라운 일들이 우리 눈앞에 등장한 것이다.

이런 3D프린터로 물건을 인쇄하는 가게를 운영하는 사람이 3D프린숍매니저이다. 3D프린팅숍매니저가 수행하는 주요 업무는 다음과 같다. 첫째, 3D프린터숍 관리, 둘째, 3D프린터 관리, 셋째, 3D프린터를 활용한 출력 대행, 넷째, 의뢰된 물품에 대하여 3D프린터를 활용한 시제품 제작, 다섯째, 3D프린팅 교육 및 홍보, 여섯째, 3D프린터 대여, 일곱째, 고객관리 및 마케팅 등이다.

3D프린팅은 미래 유망 기술로 선정된 대표적인 분야로, 전자, 자동차, 항공, 의료, 교육, 국방, 건축 등에 이용되고 있다. 또한 갈수록 활용 분야가 다양해져 애니메이션, 오락, 완구, 패션(신발, 의류, 액세서리 등) 등 일상적 분야에서도 활용도가 높아지고 있다.

독일이나 미국 등의 선진국에서는 3D프린팅 시장이 이미 잘 형성되어 있다. 우리나라는 아직 초기 단계이지만 3D프린터에 대한 교육은 활발히 이루어지고 있는 편이다. 앞으로 제조업, 의료산업, 문화콘텐츠산업, 교육산업, 오락산업 등 다양한 분야에서 3D프린팅 활용이 활발해질 전망이다. 특히 3D프린터를 활용하여 창의적인 콘텐츠를 생산하는 일은 프리랜서 활동 및 창업에 매우 유리하다.

3D프린팅은 공동 작업이 많으므로 팀워크 및 커뮤니케이션 능력이 필요하다. 그리고 미적 감각과 아이디어가 중요하며, 아이디어를 시제품으로 구현하기 위한 모델링 능력도 갖추어야 한다. 전문 프로그램 활용 능력이 매우 중요하므로 자격증과 연계된 교육훈련을 받기 바란다. 여러 직업전문학교에 관련 학과가 개설되어 있으며, 3D프린팅산업협회에서도 세미나와 교육을 진행하고 있다.

3D프린숍매니저는 신생 직업이라 이 일을 수행할 수 있는 사람이 많지 않다. 고졸 이상의 학력이면 가능하지만 3D디자인 및 디지털디자인 전공자가 다소 유리하다. 30대 여성에게 적극 추천되는 분야다. 관련 협회로는 한국3D프린팅협회(www.k3dprinting.or.kr), 3D융합산업협회(www.3dfia.org), 3D프린팅산업협회(www.3dpia.org) 등이 있다.

 어떤 훈련과 자격증이 필요할까?

- **정규교육** : 고졸 이상의 학력이면 가능하나, 디지털디자인 관련 전공자가 다소 유리함.
- **직업훈련** : 교육훈련 과정이 다수 있음.
- **민간자격** : 3D프린팅활용전문가(등록), 3D프린팅지도사(등록) 등

직업훈련과 자격증 취득 정보는 수시로 변동되어 정확한 정보를 제공하기 힘들므로 다음 사이트를 참조하기 바람.
직업훈련 : HRD-Net(www.hrd.go.kr) / **자격증** : 큐넷(www.q-net.or.kr), 민간자격 정보서비스(www.pqi.or.kr)

| 한눈에 보는 직업별 통계 |

요구 학력	직업 규제	소득 수준	경단취업적합도	직업 전망
✿✿	✿	✿✿✿	✿✿✿✿	✿✿✿✿✿

공예원
뛰어난 손재주로 재료를 입체적으로 디자인하다

공예원은 개인 공방(작업실)에서 수작업이나 간단한 도구를 이용하여 다양한 공예품을 만드는 일을 한다. 주로 이용되는 재료는 목재, 석재, 점토, 대나무, 종이, 금속, 나무 등이다. 최근에는 구슬, 리본, 지점토, 와이어, 합성수지, 폐품 등으로 더욱 폭넓게 확대되고 있다. 어떤 재료를 활용하느냐에 따라 죽공예원, 금속공예원, 도자공예원, 칠공예원, 석공예원 등 다양한 세부 직업으로 분화될 수 있다. 아기자기한 액세서리나 장식 및 생활 소품을 좋아한다면 공예전문가가 되어보기 바란다.

공예원이 수행하는 주요 업무는 다음과 같다. 첫째, 재료의 구입 및 손질, 둘째, 그림 등을 이용한 작품 디자인, 셋째, 작품 틀(예 : 성형 작업 등)이나 형태 구상, 넷째, 간단한 도구 또는 수작업으로 작품을 가공·표현하기, 다섯째, 작품의 완성도 높이기(예 : 색칠, 스프레이 작업, 건조 등), 여섯째, 작품의 보관 및 판매 등이다.

공예원은 20대부터 60대까지 다양한 연령층이 도전할 수 있는 직업이다. 하지만 공예품의 질은 숙련도에 따라 큰 차이가 난다. 세부 직업에 따라 작업 내용에서 차이가 나며, 사용되는 기술도 서로 다르다. 여성 적합도는 다루는 재료와 대상에 따라 달라진다. 예를 들어 목재를 다루는 목공예나 석재를 다루는 석공예보다는 구슬공예나 리본공예 작업에 여성 참여도가 높다.

소득이나 판매 수익 또한 근로 시간과 작품의 질에 따라 크게 차이가 난다. 적게는 100만 원부터 많게는 500만 원까지 다양하게 분포한다. 사업이 잘되는 개인 공방의 경우 수익이 더 높을 수도 있다.

이 직업은 특별한 학력 제한이 없고, 컴퓨터 활용 능력도 요구하지 않는다. 자격증이나 경력이 전혀 없어도 쉽게 시작할 수 있다. 다만 손 기술과 미적 감각이 중요하며, 정교한 작업을 하는 경우가 많으므로 집중력이 요구된다. 또한 한 작품을 장기간 작업하는 경우도 있으므로 끈기와 인내심이 필요하다.

만약 직무 수행에 필요한 경험이나 기술이 없다면 직업훈련원이나 사설 공예학원 등에서 교육훈련을 받는 것도 도움이 된다. 단기, 중기, 장기 등 다양한 형태의 교육 과정이 개설되어 있다. 이 일을 잘하려면 여러 공예 분야 중에서 자신에게 적합한 주제 분야와 좋은 교육 프로그램을 찾아내는 것이 중요하다. 뛰어난 공예원의 문하생이 되어 기능을 전수받기도 한다.

관련 단체로는 (사)한국공예가협회(www.craftkorea.org), 한국공예·디자인문화진흥원(www.kcdf.kr), 한국공예협동조합연합회(www.kohand.or.kr) 등이 있다. 국비 지원을 받아 공예를 배울 수 있으니 한번 시도해보기 바란다.

어떤 훈련과 자격증이 필요할까?

- **정규교육** : 학력 제한은 없으나, 디자인·공예 관련 전공자가 다소 유리함.
- **직업훈련** : 보통 3~4개월의 공예 관련 교육훈련 과정이 다수 있음.
- **국가자격** : 도자기공예기능사, 목공예기능사, 석공예기능사
- **민간자격** : 가죽공예(등록), 리본공예(등록), DIY목공예지도사(등록) 등 다양함.

직업훈련과 자격증 취득 정보는 수시로 변동되어 정확한 정보를 제공하기 힘들므로 다음 사이트를 참조하기 바람.
직업훈련 : HRD-Net(www.hrd.go.kr) / **자격증** : 큐넷(www.q-net.or.kr), 민간자격 정보서비스(www.pqi.or.kr)

| 한눈에 보는 직업별 통계 |

요구 학력	직업 규제	소득 수준	경단취업적합도	직업 전망
❀	❀❀	❀❀	❀❀❀❀❀	❀❀❀❀

메이크업아티스트
얼굴을 아름답게 만들어주는 얼굴 변신사

얼굴을 보다 아름답게 만드는 방법은 다양하다. 최고의 효과를 볼 수 있는 방법은 성형이다. 그러나 여기에는 돈과 고통이 따른다. 고통도 없고 돈도 가장 적게 드는 방법은 조명발을 이용하는 것이다. 하지만 이건 공간적 제약이 많고 일회성이다. 그래서 방송 촬영이나 사진 찍을 때에만 주로 이용한다. 일회성의 제약이 있으나 고통도 없고 비교적 길게 효과를 보는 방법이 있는데, 바로 화장발이다. 그래서 많은 사람들이 화장을 통해 얼굴을 가꾼다.

메이크업아티스트는 개인의 얼굴 윤곽과 피부 상태에 맞는 화장을 통해 아름다워 보이게 만드는, 얼굴 변신사 역할을 한다. 주로 미용실이나 결혼예식장, 화장품 회사, 방송국 분장실에서 일하거나, 연예인 전속 아티스트로 활약하기도 한다. 직원으로 일하는 사례도 많지만 일정한 경력과 능력을 갖추면 프리랜서로 활동하거나 창업을 통해 자영업 형태로 일하는 것도 가능하다.

메이크업아티스트가 수행하는 주요 업무는 다음과 같다. 첫째, 미용 목적(결혼, 행상, 방송, 연극 오디션, 면접 등)에 따른 메이크업 제공, 둘째, 고객의 얼굴형과 피부 상태 파악, 셋째, 고객의 요구사항 파악, 넷째, 메이크업 제품과 도구를 활용한 메이크업 시행, 다섯째, 고객에게 맞는 적절한 화장법 조언, 여섯째, 헤어디자인 및 의상과의 조화 상태 점검, 일곱째, 메이크업 종료 후 청소 및 정리, 여덟째, 고객 관리 및 마케팅 등이다.

메이크업아티스트는 주로 젊은 여성들에게 인기가 많다. 한류와 함께 한국 화장품의 인지도가 높아지면서 한국 여성의 화장법과 미용법에 대한 외국인의 관심도 증가하고 있다. 최근엔 메이크업에 관심을 가지는 남성들도 늘어나고 있다. 메이크업 대상이 넓어지고, 보다 보편화되고 있는 것이다. 이에 따라 메이크업 관련 일자리도 다소 증가할 전망이다. 상당수 여성들은 메이크업 가게나 미용실을 찾아가지 않고 자신의 집에서 메이크업을 받는 것을 희망하기도 한다. 그래서 프리랜서로 활동하는 출장 메이크업아티스트도 증가하고 있다.

메이크업아티스트가 되려면 먼저 색에 대한 센스가 필요하며, 고객과 잘 어울릴 수 있는 의사소통 능력이 중요하다. 자신만의 단골 고객을 만들기 위해서는 화장발 못지않게 말발이 중요하기 때문이다. 메이크업아티스트 가운데 실력이 높아지면, 방송국에서 연예인을 상대하는 메이크업아티스트가 될 수도 있다. 급여는 초보로 다른 사람 밑에서 일할 경우에는 최저임금 선에서 시작되지만, 경력과 능력을 쌓아감에 따라 빠르게 올라간다.

메이크업아티스트는 경력 단절 여성이 일자리를 구하기 쉬운 직업이고, 특별한 학력 제한이 없으며, 컴퓨터 활용 능력을 요구하지도 않는다. 다만 기술과 기능이 중시되므로 관련 자격 취득이나 교육 훈련을 통하여 취업 자격을 갖추어야 한다. 참고로 국비 지원을 받아 미용사(메이크업) 자격증을 취득할 수 있다.

일의 특성상 40대 이하를 선호하는 곳도 있으나, 본인이 프리랜서 활동이나 창업을 생각하고 있다면 40대 이상에 시작해도 큰 문제가 되지 않는다.

어떤 훈련과 자격증이 필요할까?

- **정규교육** : 학력 제한은 없으나, 메이크업·미용 관련 전공자가 유리함.
- **직업훈련** : 교육훈련 과정이 다수 있음.
- **국가자격** : 미용사(메이크업), 미용사(네일), 미용사(피부)
- **민간자격** : 메이크업지도사(등록), 메이크업교육강사(등록), 메이크업지도강사(등록) 등

직업훈련과 자격증 취득 정보는 수시로 변동되어 정확한 정보를 제공하기 힘들므로 다음 사이트를 참조하기 바람.
직업훈련 : HRD-Net(www.hrd.go.kr) / **자격증** : 큐넷(www.q-net.or.kr), 민간자격 정보서비스(www.pqi.or.kr)

| 한눈에 보는 직업별 통계 |

요구 학력	직업 규제	소득 수준	경단취업적합도	직업 전망
❀❀	❀❀	❀❀	❀❀❀❀	❀❀❀❀

바리스타

고객의 입맛에 맞는 커피를 만드는 전문가

브로콜리, 버섯, 아스파라거스, 올리브 하면 무슨 생각이 떠오르는가? 바로 몸에 좋은 장수식품이다. 그런데 커피도 장수식품 가운데 하나라는 사실을 아는 사람은 별로 없는 듯하다. 설탕이나 크림 등이 첨가되지 않은, 갓 볶은 적당량의 원두커피는 심장 기능을 강화시킨다는 연구 결과가 있다. 하지만 믹스커피에는 해당되지 않는 얘기다. 에스프레소나 아메리카노가 여기에 해당된다.

사실 커피 종류는 생각보다 다양하다. 카프치노, 더치커피, 카페라테, 카페모카, 마키아토 등이 대표적 종류이다. 여기에 휘핑, 녹차, 캐러멜 등 각종 첨가물이 들어가면 더욱 다양한 종류의 커피가 만들어진다.

이런 여러 가지 커피를 전문적으로 만드는 사람을 바리스타라고 한다. 바리스타는 좋은 커피를 만들어 손님에게 제공하는 서비스 직업이다. 바리스타는 다음과 같은 일을 한다. 첫째, 좋은 원두를 구분하고, 구입 및 보관하기, 둘째, 원두 볶기, 셋째, 추출된 원액에 각종 첨가물을 섞어 다양한 커피 만들기, 넷째, 적절한 용기를 활용하여 손님에게 서비스 제공하기, 다섯째, 매장 청소 및 계산 등의 매장 관리와 관련한 일 등을 수행한다.

규모가 작은 업소는 종일 근무가 많고 규모가 큰 곳은 시간제 근무가 많다. 급여는 경력에 따라 차이가 있지만 일당은 대략 5만 원에서 8만 원, 월급은 풀타임으로 일할 경우 150만 원 안팎이다. 전문성이 높거나 창업을 할 경우 매장에 따라 수입이 크게 달라진다. 바리스타는 건강한 체력과 청결을 유지해야 하고, 서비스 의식을 지녀야 한다. 다양한 교육기관에 국비 지원을 받을 수 있는 바리스타 교육훈련 프로그램이 개설되어 있다.

어떤 훈련과 자격증이 필요할까?

- **정규교육** : 학력 제한 없음.
- **직업훈련** : 다양한 교육훈련 과정이 있음.
- **민간자격** : 커피바리스타(등록), 바리스타(등록), 카페바리스타(등록), 홈바리스타(등록), 국제바리스타(등록) 등

직업훈련과 자격증 취득 정보는 수시로 변동되어 정확한 정보를 제공하기 힘들므로 다음 사이트를 참조하기 바람.
직업훈련 : HRD-Net(www.hrd.go.kr) / 자격증 : 큐넷(www.q-net.or.kr), 민간자격 정보서비스(www.pqi.or.kr)

| 한눈에 보는 직업별 통계 |

요구 학력	직업 규제	소득 수준	경단취업적합도	직업 전망
❀	❀	❀❀	❀❀❀	❀❀❀

북아티스트
당신의 추억을 제본해드립니다

　북아티스트는 사연이 담긴 소중한 책을 미적 감각과 실용성을 동시에 살리면서 오래 보존될 수 있도록 제본하는 일을 한다. 흔히 말하는 예술 제본가이다. 영화 〈광식이 동생 광태〉에 북아티스트가 등장하니 이 직업에 관심이 있다면 찾아보기 바란다.

　북아티스트가 맡는 주요 업무는 다음과 같다. 첫째, 고객 주문 및 요구 사항 파악, 둘째, 책에 맞는 표현 방법 설정(자료 수집, 주제 잡기 등), 셋째, 설정된 개념에 따른 도안 및 디자인, 넷째, 디자인에 따른 삽화 및 치장 작업, 다섯째, 책 제본 작업(꿰매기, 북 바인딩 등), 여섯째, 필요한 경우 북아티스트 수강생에 대한 교육 등이다.

　북아티스트는 예술 제본을 포함한 새로운 직무 분야이다. 따라서 정확한 고용 현황을 말하기는 어렵다. 현재 이 일에 종사하는 사람이 많지 않다는 한계도 있다. 최근에는 어린이와 청소년, 성인들이 취미 활동으로 많이 배우고 있다.

　이 일을 수행하는 사람은 근무 기관에 따라 근무 시간과 환경이 다르다. 물론 개인적 활동도 많이 한다. 작품 활동은 개인 작업실 또는 공방에서 수행된다. 가끔 이 일을 배우려는 사람을 대상으로 교육을 실시하기도 한다. 교육은 학교, 도서관, 문화센터 등에서 이루어진다.

　북아티스트는 헌책을 새로이 창작하고 디자인하는 기쁨이 쏠쏠한 직업이다. 주요 작업 도구는 폴더, 실과 송곳, 가위, 북 프레스 등이다. 프리랜서 활동이 용이하고 창업도 가능한 직업이다. 소득은 실력과 작업량에 따라 달라진다. 북아트는 처음부터 끝까지 정성을 들여야 하는 수작업이 많다. 그래서 손재주가 매우 중요하다.

　북아티스트를 위한 정규교육 과정이 없으므로 특별한 학력 제한도 없다. 관련 자격증이 취업에 도움이 되긴 하지만 무엇보다 중요한 것은 기술 및 기능이다. 특히 손 기술과 창의성이 필요하다. 이 일을 하는 데 필요한 경험이나 기술이 없다면 자격과 연계된 교육훈련 프로그램을 찾아보기 바란다. 여러 곳에서 관련 교육 과정이 개설되어 있다. 그러나 대개 취미 중심의 교육이 많아 직업적 능력을 갖추기는 쉽지 않다. 현재로서는 대중적 직업으로 발전되기 어려우므로 취미나 부업으로 시작하는 게 좋겠다. 북아티스트는 취미 활동으로 접근하여 전문 직업으로 발전시켜나갈 수 있는 분야이다.

어떤 훈련과 자격증이 필요할까?

- **정규교육** : 학력 제한 없음.
- **직업훈련** : 북아트지도사, 실용북아트, 어린이북아트 등 다양한 민간자격 교육훈련 과정이 있음.
- **민간자격** : 북아트지도사(등록), 북아트공예(등록), 북아트활용지도사(등록), 어린이북아트(등록) 등

직업훈련과 자격증 취득 정보는 수시로 변동되어 정확한 정보를 제공하기 힘들므로 다음 사이트를 참조하기 바람.
직업훈련 : HRD-Net(www.hrd.go.kr) / **자격증** : 큐넷(www.q-net.or.kr), 민간자격 정보서비스(www.pqi.or.kr)

| 한눈에 보는 직업별 통계 |

요구 학력	직업 규제	소득 수준	경단취업적합도	직업 전망
●	●●	●●	●●●●	●●●●

애완동물미용사
예쁘게 잘라주련? 멋지게 잘라주련?

최근 방영된 〈혼술남녀〉라는 드라마는 제목부터 사람들이 혼자 술을 마시는 현실을 표나게 내세우고 있다. 그만큼 우리 사회도 일본처럼 혼자서 밥 먹고 술 마시는 사람이 늘어나고 있다는 반증이다. 1인 가구도 증가하는 추세이다. 혼자서 하는 행동이 많아질수록 외로움도 많이 느낄 수밖에 없다. 인간은 사회적 동물이기 때문이다. SNS로 지인들과 일상을 공유하기도 하지만, 사이버 공간에서 이루어지는 가상적인 교류로 외로움을 달래기엔 한계가 있다.

그래서 애완동물을 통해 외로움을 해소하는 사람들이 많다. 비록 동물이지만 가족의 일원으로 서로 의지하며 살아간다. 1인 가구와 독거노인이 증가함에 따라 반려동물 관련 산업도 확대될 전망이다. 평소 애완동물을 좋아하고 관심이 많다면 애완동물미용사가 되어보는 것은 어떨까.

애완동물미용사가 수행하는 주요 업무는 다음과 같다. 첫째, 애완동물의 종류와 크기를 파악한다. 둘째, 주인과 상의하여 종류와 크기에 따른 미용 방법을 선정한다. 셋째, 애완동물을 목욕시킨다. 넷째, 클리퍼나 가위 등을 사용하여 털을 깎고 다듬는다. 다섯째, 귀 청소와 발톱 정리 등의 미용과 청결 작업을 시행한다. 여섯째, 동물의 피부 상태와 질환에 대해 간단히 점검한다.

애완동물미용사는 여성, 특히 젊은 여성들이 선호한다. 현재 우리나라의 애견 미용은 청결 위주의 클리닝(cleaning) 미용이 대부분을 차지한다. 하지만 앞으로는 점차 애견의 미적인 면을 중시하는 시저링(scissoring) 미용도 증가할 것으로 보인다. 지금도 도그쇼 등과 같은 애완동물 관련 행사에 참가할 경우에는 시저링 미용을 받는 사례가 많다.

애완동물미용사의 임금은 그다지 많지 않다. 최저임금을 조금 웃도는 수준이다. 그러므로 당장 큰 수익을 기대하기보다는 장래의 수요 증가를 염두에 두고 애완미용가게 또는 애완용품가게, 애완카페 등의 창업을 고려해서 이 일을 하면 좋다. 애완동물미용사는 서서 일하는 시간이 많으므로 허리나 다리에 무리가 갈 수 있고, 몸집이 큰 애완동물을 다룰 때는 체력적으로 힘이 든다. 미적 감각과 인내심, 체력이 필요한 직업이다.

이 직업의 경우 특별한 학력 제한이 없고, 컴퓨터 활용 능력도 요구하지 않는다. 기술과 기능이 중요하므로 관련 자격 취득이나 교육훈련을 통하여 자격을 갖추어야 한다. 사설학원에서 교육훈련을 받거나 애견미용실에 보조로 취업하여 기술을 익힐 수도 있다. 교육훈련 과정이 많이 개설되어 있어 손쉽게 교육을 받을 수 있으며, 교육비에 대한 국비 지원 혜택도 받을 수 있다.

관련 단체로는 한국반려동물관리협회(www.dwse.or.kr), 한국애견협회(kkc.or.kr/wp)와 한국애견연맹(www.thekcc.or.kr) 등이 있다.

어떤 훈련과 자격증이 필요할까?

- **정규교육** : 학력 제한은 없음.
- **직업훈련** : 다수의 교육훈련 과정이 있음.
- **민간자격** : 반려동물애견미용사(등록), 애견미용사(등록), 프로애견미용사(KTC트리머)(등록) 등이 있음.

직업훈련과 자격증 취득 정보는 수시로 변동되어 정확한 정보를 제공하기 힘들므로 다음 사이트를 참조하기 바람.
직업훈련 : HRD-Net(www.hrd.go.kr) / **자격증** : 큐넷(www.q-net.or.kr), 민간자격 정보서비스(www.pqi.or.kr)

| 한눈에 보는 직업별 통계 |

요구 학력	직업 규제	소득 수준	경단취업적합도	직업 전망
✽	✽✽	✽	✽✽✽	✽✽✽✽

작물재배종사자

내 손으로 좋은 먹거리를 재배한다

JOB 48

농사에 대한 사람들의 인식이 달라지고 있다. 귀농 인구가 증가하고 있으며, 도시에서 작물을 재배하는 도시농부도 늘고 있다. 또한 수치화된 정확한 데이터를 바탕으로 토양, 생육, 기후 정보 등을 탐색해 좀 더 과학적으로 농사를 짓는 기술도 관심을 끌고 있다.

그리고 단순히 작물을 재배하는 일에서 벗어나 재배 작물을 가공하고 직거래나 인터넷 판매를 통해 부가가치를 높이고, 체험 관광과 결합하는 경우도 많아지고 있다. 버섯종균이나 특용작물의 경우 운이 좋으면 큰돈을 벌 수 있는 기회가 되기도 한다. 푸른 자연을 사랑하고, 좋은 먹거리를 직접 재배하고 싶다면 작물재배종사자가 되어보는 것은 어떨까?

작물재배종사자가 하는 일을 구체적으로 살펴보면 다음과 같다. 첫째, 토지, 노동력, 기후 조건 등을 고려하여 재배 품목 선정하기, 둘째, 종자나 묘목을 구입하여 파종하기, 셋째, 재배 작물에 비료 및

농약 주기와 제초 작업, 넷째, 재배 작물 수확하기, 그리고 필요 시 건조 및 가공 작업, 다섯째, 작물에 따른 비닐하우스 설치 및 시공하기, 여섯째, 작물에 따른 보일러 가동 및 온도 유지 작업, 일곱째, 포도, 배, 사과, 복숭아 등의 경우 종이봉지로 감싸기 작업, 일곱째, 재배작물 포장 작업, 여덟째, 재배 작물의 직간접 판매 등이다.

일반적으로 작물재배종사자는 특별히 정해진 근무 시간이 없고, 겨울에는 비교적 한가하다. 이 직업은 연령대가 높은 사람에게 적합하다. 도시에서 작물을 재배해보았거나, 과수원 등에서 일한 경험이 있으면 도움이 된다. 땅이 있다면 지금이라도 직접 작물을 재배해보는 것도 좋겠다. 소득은 보통 월 100만~200만 원 정도다. 특용작물이나 버섯 등을 재배한다면 더 높은 소득을 기대할 수 있다.

이 직업은 특별한 학력이나 컴퓨터 활용 능력을 요구하지 않으며, 자격증이나 경력이 없어도 쉽게 접근 가능하다. 하지만 야외에서 육체노동을 해야 하는 경우가 많으므로 강한 체력과 반복 작업을 견디는 인내심이 요구된다. 그리고 아침 일찍 일어나 작업을 해야 하므로 근면성이 필요하다. 농촌으로 이주할 계획이 있는 사람이나 농촌 및 도농복합도시 거주자에게 도움이 되는 직업이다. 중요한 것은 작물의 종류이다. 어떤 작물이 고부가가치 작물인지를 분석하고 판로 개척 가능성을 잘 따져보기 바란다.

어떤 훈련과 자격증이 필요할까?

- **정규교육** : 학력 제한 없음.
- **직업훈련** : 훈련 과정이 많지 않은데, 단기 과정의 도시농부 훈련 과정과 수개월이 소요되는 국가기술자격시험 관련 훈련 과정이 있음.
- **국가자격** : 버섯종균기능사, 원예기능사, 화훼장식기능사 등이 다소 연관됨.
- **민간자격** : 버섯재배경영사(등록), 작물재배사(등록), 원예작물재배사(등록) 등이 일부 도움이 됨.

직업훈련과 자격증 취득 정보는 수시로 변동되어 정확한 정보를 제공하기 힘들므로 다음 사이트를 참조하기 바람.
직업훈련 : HRD-Net(www.hrd.go.kr) / **자격증** : 큐넷(www.q-net.or.kr), 민간자격 정보서비스(www.pqi.or.kr)

| 한눈에 보는 직업별 통계 |

요구 학력	직업 규제	소득 수준	경단취업적합도	직업 전망
❀	❀	❀❀	❀❀❀❀	❀❀❀

제과제빵사
밀가루를 빵빵하게 만든다

인도의 난, 이탈리아의 포카치아의 공통점이 뭔지 아는지? 각각 두 나라를 대표하는 빵이다. 그 외에도 프랑스를 대표하는 빵은 바게트이며, 미국은 베이글이 유명하다. 중국에는 화쥐안이란 빵이 있는데, 우리나라에서는 흔히 '꽃빵'이라 부른다. 일본을 대표하는 제과제빵은 화과자이며, 현지어로 '와가시'라고 부른다.

지금까지 각 국가를 대표하는 빵·과자를 몇 가지 꼽아보았다. 이것들을 만드는 사람을 제과제빵사라 하는데, 파티시에나 베이커라고도 부른다. 주로 발효균을 사용하여 발효 과정을 거치는 빵을 만드는 사람을 제빵사라 하고, 발효 과정을 거치지 않아도 되는 케이크, 쿠키 등을 만드는 사람을 제과사라 구분해서 말한다. 하지만 대부분의 제빵사 또는 제과사가 빵과 과자를 함께 만들기 때문에 두 직업을 따로 구분할 필요는 없다.

제과제빵사가 담당하는 주요 업무는 다음과 같다. 첫째, 각각의 빵과 과자에 맞는 재료 선택하기, 둘째, 대상물에 맞게 계량하여 적정량 반죽하기, 셋째, 반죽으로 각종 모양 만들기, 넷째, 오븐에서 굽기, 다섯째, 구워진 빵·과자에 설탕가루, 초콜릿 등으로 장식하기, 케이크의 경우 시트에 크림으로 장식하기, 여섯째, 제품 포장과 매장 진열 및 냉장 보관, 일곱째, 작업 후 세척, 정리 정돈 및 청소, 여덟째, 재고 관리 및 재료 저장 등이다.

이 직업 종사자의 연령대는 10대부터 50대까지 고루 분포되어 있는데, 그중 30대의 비중이 제일 높다. 제과제빵사는 미각과 시각이 발달되어야 하고, 예술적인 감각이 있으면 더욱 좋다. 작업을 위해 밀가루, 설탕 등 무거운 식재료 포대를 직접 운반해야 하고, 빵을 반죽할 때에는 손목이나 손가락 관절에 무리가 갈 수 있다는 단점이 있다. 또 만드는 동안에는 계속 서서 일하기 때문에 육체적인 피로감이 있다. 뜨거운 요리를 할 때 데거나, 무거운 물건을 들 때 허리를 다치지 않도록 조심해야 한다.

점차 서구화된 음식과 식품의 소비가 증가하고 있고, 중소기업 보호를 위한 제도적 장치도 마련되어 있으므로 제과제빵사의 고용은 현 수준을 유지할 것으로 전망된다. 제과제빵사는 직장에 취업해 경력을 쌓은 후 독립하여 창업하기에 좋은 직종이다.

이 직업의 경우 학력 제한은 없으나, 제빵·조리 관련 전공자가 유리하다. 제과제빵사가 되려면 무엇보다도 기술과 기능을 갖추어야 한다. 관련 국가자격으로 제빵기능사와 제과기능사가 있다. 제과제빵 관련 교육훈련 프로그램이 개설되어 있는 곳이 많으니 거주 지역에서 괜찮은 교육훈련 기관을 찾아 필요한 기술과 기능을 습득하기 바란다. 대개 6개월에서 1년 정도의 교육훈련을 거친다. 교육훈련 시 국비가 지원되므로 제과제빵 기술을 무료로 배울 수도 있다. 관련 단체로는 (사)대한제과협회(www.bakery.or.kr)가 있다.

어떤 훈련과 자격증이 필요할까?

- **정규교육** : 학력 제한은 없으나, 제빵·조리 관련 전공자가 유리함.
- **직업훈련** : 다양한 교육훈련 과정이 있음.
- **국가자격** : 제빵기능사, 제과기능사
- **민간자격** : 제빵마스터(등록), 제과제빵파티쉐지도사(등록) 등

직업훈련과 자격증 취득 정보는 수시로 변동되어 정확한 정보를 제공하기 힘들므로 다음 사이트를 참조하기 바람.
직업훈련 : HRD-Net(www.hrd.go.kr) / **자격증** : 큐넷(www.q-net.or.kr), 민간자격 정보서비스(www.pqi.or.kr)

| 한눈에 보는 직업별 통계 |

요구 학력	직업 규제	소득 수준	경단취업적합도	직업 전망
❀	❀❀	❀❀	❀❀❀❀	❀❀❀❀❀

조리사
일 나간 엄마가 셰프가 되다

밥을 같이 나누다 보면, 미운 마음도 누그러지고 서먹함도 없어진다. 그래서 가족을 '식구(食口)'라고 표현하기도 한다. 한집에 살면서 밥을 같이 먹는 사람이란 의미다. 밥은 단지 배를 채우는 기능을 넘어서 훨씬 중요한 역할을 한다. 정을 나누고 서로를 이해하는 수단이 되는 것이다.

〈아메리칸 셰프〉라는 영화가 있다. 요리를 통하여 가족 간의 사랑을 회복한다는 이야기가 주된 내용이다. 실화를 바탕으로 만들어져 대중의 관심과 호응이 높았다. 요리의 세계를 이해하는 데 도움이 되는 영화이다.

요리는 더 이상 단순히 배를 채우기 위한 음식을 만드는 일이 아니다. 요리의 개념은 진화를 거듭하고 있는데, 특히 배불리 먹는 요리에서 맛있게 눈으로 먹는 요리로 진화하고 있는 추세이다. 조리사는 레스토랑이나 호텔, 조리실 등에서 각종 요리 업무를 수행하는 사람들을 말하며, 이러한 조리사들을 총괄 관리하는 사람을 '셰프'라고 한다.

조리사가 수행하는 주요 업무는 다음과 같다. 첫째, 조리 재료의 선정·구입·검수, 둘째, 재료의 영양 손실이 적은 적절한 조리기구 및 조리법 선택, 셋째, 조리법에 맞는 조리 실행, 넷째, 조리된 음식을 그릇에 담고 장식하기, 다섯째, 남은 재료의 손질과 보관, 여섯째, 조리 시설 및 기구의 위생 관리, 일곱째, 기타 주방의 모든 업무 관할, 여덟째, 식단 평가 등이다.

조리사는 호텔, 레스토랑, 식당, 학교, 병원, 각종 기관의 주방 등에서 근무하는데, 작업 대상은 요리 종류에 따라 한식, 중식, 일식, 양식, 복어 등으로 다양하다. 호텔이나 대규모 레스토랑에서는 조리사의 업무가 합리적으로 분업화되어 있다. 육류 담당, 소스류 담당, 냉채나 샐러드 담당, 수프나 채소 담당, 과자·빵·아이스크림 담당 등과 같이 업무가 나뉘어 있다. 각각의 장소에서 냄비, 철판, 물주전자, 여과기, 칼, 나무주걱, 거품기 등과 같은 여러 가지 도구를 사용해서 요리를 한다.

이에 반해 작은 조리실이나 음식점의 경우 작업 범위가 매우 넓다. 규모가 작으면 담당하는 작업 범위는 늘어나며 혼자서 모든 일을 하는 경우도 있다. 업소 및 기관의 여건에 따라 원하는 시간대에 파트타임으로 근무할 수 있다.

이 직업은 경력 단절 여성에 대한 차별이나 특별한 학력 제한이 없고, 컴퓨터 활용 능력을 요구하지도 않는다. 조리사 일을 하려면 질병이 없어야 한다. 또한 기술 및 기능이 가장 중요하므로 조리와 관련된 국가기술자격을 취득하는 것이 좋다. 한식, 중식, 일식, 양식, 복어 등 다섯 가지로 나뉘는데, 가장 기초적인 자격증은 한식조리사 자격증이다. 교육훈련 시 국비 지원 혜택을 받을 수 있다.

거주하는 지역에서 쉽게 일자리를 찾을 수 있는 장점이 있어서 경력 단절 여성 가운데 중·고령자들이 선호한다. 취미로 접근하여 직업으로 연결되기 쉬운 분야이기도 하다.

어떤 훈련과 자격증이 필요할까?

- **정규교육** : 학력 제한은 없으나, 조리 관련 전공자가 유리함.
- **직업훈련** : 다양한 교육훈련 과정이 있음.
- **국가자격** : 조리기능사(양식, 일식, 중식, 한식, 복어) 등
- **민간자격** : 외식조리지도사(등록), 브런치조리전문가(등록), 채식조리전문가(등록), 전통음식전문요리사(등록) 등

직업훈련과 자격증 취득 정보는 수시로 변동되어 정확한 정보를 제공하기 힘들므로 다음 사이트를 참조하기 바람.
직업훈련 : HRD-Net(www.hrd.go.kr) / **자격증** : 큐넷(www.q-net.or.kr), 민간자격 정보서비스(www.pqi.or.kr)

| 한눈에 보는 직업별 통계 |

요구 학력	직업 규제	소득 수준	경단취업적합도	직업 전망
★	★★	★★	★★★★	★★★★★

페도티스트
장애인의 발에 꼭 맞는 신발을 만들자

우리 몸에서 발은 매우 중요한 역할을 하지만, 가장 낮게 대우하는 대상이다. 하지만 만약 내게 맞지 않는 신발을 신고 있으면, 발의 소중함을 금방 느낄 수 있다. 요즘은 하이힐 착용이나 잘못된 보행, 각종 질병 및 사고 등으로 발에 이상이 생겨 불편한 사람도 많다.

발과 관련한 전문적 연구 분야를 '페도틱(pedorthic)'이라고 한다. 그리고 장애인에게 딱 맞는 의료 보조기구를 설계하고 제작하여 발의 치료를 돕는 사람을 '페도티스트(pedorthics)'라고 한다. 페도티스트를 '신발치료사'라고 부르기도 한다.

페도티스트의 주요 업무는 다음과 같다. 첫째, 환자와의 상담을 통한 적절한 보조기구를 선택한다. 둘째, 인공수족을 만들기 위해 정밀하게 신체 사이즈를 측정한다. 셋째, 의료진의 처방에 따라 환자 맞춤형 보조기구를 디자인하고 제작한다. 넷째, 보조기구 관련 재료를 선택한다. 다섯째, 보조기구의 사용 방법 및 사후 관리 방법에 대

해 설명한다. 여섯째, 필요한 경우 보조기구를 조정·수리·교환한다. 일곱째, 환자 관련 기록을 관리한다.

　이 직업의 전망과 관련된 국내 자료는 많지 않다. 미국의 경우를 참조하면, 페도티스트의 취업 전망은 2014년부터 2024년까지 23퍼센트가량 증가할 것으로 예측된다. 이는 매우 높은 성장세이지만, 해당 직업 종사자가 많지 않은 점에 주목할 필요가 있다.

　중요한 신체 부위인 팔다리를 잃은 장애인들만 치료용 신발을 신는 것이 아니다. 고령 사회로 갈수록 노인 인구가 증가할 것이다. 이에 따라 당뇨병과 심혈관 질환도 늘어날 것이며, 그 결과 팔다리를 잃거나 거동이 불편한 사람이 늘어날 것이다. 따라서 앞으로 페도티스트에 대한 수요가 커질 것으로 예상된다.

　페도티스트는 신발 관련 연구소, 신발 업체, 의료 보조기 업체 등에 취업할 수 있으며, 연봉은 대략 2000만 원에서 6000만 원 사이다. 창업을 하면 소득이 더 증가할 수 있다.

신발은 손으로 만들기 때문에 손 기술이 필요하며, 고글이나 장갑을 끼고 작업하는 일이 많다. 이 일을 잘하기 위해서는 기능적 숙련 외에도 발이 불편한 사람을 돕고 배려하는 마음이 필요하다.

페도티스트는 고졸 이상의 학력이면 누구나 도전 가능하며, 컴퓨터를 활용 능력을 요구하지도 않는다. 하지만 기술 및 기능적 능력이 중요하므로 자격증이 있으면 취업에 도움이 된다. 페도티스트와 관련된 직접적인 교육 과정이나 자격증이 많지 않으므로, 자격과 연계된 교육훈련을 받기 바란다. 관련 단체로는 한국페도틱협회(www.pedorthic.co.k)가 있다.

어떤 훈련과 자격증이 필요할까?

- **정규교육** : 고졸 이상의 학력이면 가능하나, 신발 관련 학과나 물리치료·재활학·헬스케어 공학과 전공자가 유리함.
- **직업훈련** : 페도티스트 민간자격 과정 관련 교육 과정이 일부 있음.
- **민간자격** : 페도티스트(등록), 재활보조기기실무사(등록), 발건강관리교육사(등록), 발컨디션관리사(등록) 등

직업훈련과 자격증 취득 정보는 수시로 변동되어 정확한 정보를 제공하기 힘들므로 다음 사이트를 참조하기 바람.
직업훈련 : HRD-Net(www.hrd.go.kr) / **자격증** : 큐넷(www.q-net.or.kr), 민간자격 정보서비스(www.pqi.or.kr)

| 한눈에 보는 직업별 통계 |

요구 학력	직업 규제	소득 수준	경단취업적합도	직업 전망
❀❀	❀❀	❀❀❀	❀❀❀❀❀	❀❀❀❀❀

피부관리사
머리끝부터 발끝까지 피부를 아름답게

여성의 피부에 대한 관심은 유구한 역사를 가진다. 중국의 절세미인 양귀비는 장미 목욕을 통해 피부를 관리했고, 이집트의 여왕 클레오파트라는 산양유로 목욕을 해서 피부를 관리했다고 전해진다. 고대부터 현재까지 여성의 주된 관심 가운데 하나는 탱탱하고 깨끗한 피부이다.

피부 관리 및 미용에는 매우 다양한 방법이 존재한다. 특히 유명 여자 연예인이 자신만의 피부 미용법을 소개할 때마다 대중의 뜨거운 관심을 받는다. 피부 관리 대상은 얼굴, 바디, 헤어 세 가지로 나뉘는데, 한마디로 머리끝부터 발끝까지 피부를 아름답게 관리해주는 일을 하는 사람이 피부관리사다.

피부관리사가 수행하는 주요 업무는 다음과 같다. 첫째, 미용실, 피부관리실, 기타 미용 관련 업체에서 각종 미용법을 사용하여 고객의 외모를 관리한다. 둘째, 피부의 노폐물을 제거하고 세안을 한다.

셋째, 팩, 마사지, 단계별 화장품을 사용하여 시술한다. 넷째, 손님의 피부 상태에 따라 적절한 피부 미용기기를 활용해 피부 관리를 한다. 다섯째, 손님에게 적절한 피부 관리 방법(세안법, 화장법 등)을 조언한다. 여섯째, 손님의 피부 관련 고민과 문제점을 해결하기 위한 다양한 프로그램을 설계한다. 일곱째, 계절별·연령별 피부 관리 방법을 기획한다. 여덟째, 손님의 피부 미용과 관련된 고민을 상담하고 고객을 관리한다.

국민들의 소득 수준이 높아질수록 피부관리사의 수요도 함께 증가된다. 소득이 낮은 국가의 경우 헤어 디자인이나 메이크업에 대한 수요가 높지만, 소득이 높아질수록 네일아트, 바디 케어, 페이스 트리트먼트에 대한 관심이 높아진다.

직업의 세계에서 피부 미용의 대상은 세 가지로 구분된다. 얼굴 트리트먼트, 바디 케어, 헤어 케어이다. 따라서 메이크업이나 헤어디자인, 네일아트 등은 별도로 전문화된 직무 영역으로 본다. 이에 따라 요구하는 자격증도 다르다.

피부관리사의 소득은 신입일 경우에는 최저임금 수준이지만 경력이 쌓이면서 소득이 빠르게 증가한다. 주로 미용 관련 기관에서 일하는데, 피부과 병원에서 근무하기도 한다. 그리고 경험과 기술이 쌓이면 창업하여 미용실이나 피부관리실을 운영할 수 있다.

이 직업은 경력 단절 여성에 대한 차별이나 특별한 학력 제한이 없고, 컴퓨터 활용 능력을 요구하지도 않는다. 약간의 기술과 기능이 필요할 뿐이다. 고객 관리 측면에서는 친화력과 립 서비스 능력이 중요하다. 피부관리사로 활동하거나 피부관리실을 창업하려면 미용사(피부) 자격증이 있어야 한다. 3~4개월간의 단기 교육훈련으로 자격증을 취득할 수 있으며, 교육훈련 시 국비 지원 혜택을 받을 수 있다.

어떤 훈련과 자격증이 필요할까?

- **정규교육** : 학력 제한은 없으나, 피부미용 관련 전공자를 우대함.
- **직업훈련** : 피부미용에 관한 교육훈련 과정이 매우 많이 있음.
- **국가자격** : 미용사(메이크업), 미용사(피부), 미용사(네일) 등
- **민간자격** : 피부미용교육강사(등록), 피부미용전문교육지도사(등록) 등

직업훈련과 자격증 취득 정보는 수시로 변동되어 정확한 정보를 제공하기 힘들므로 다음 사이트를 참조하기 바람.
직업훈련 : HRD-Net(www.hrd.go.kr) / **자격증** : 큐넷(www.q-net.or.kr), 민간자격 정보서비스(www.pqi.or.kr)

| 한눈에 보는 직업별 통계 |

요구 학력	직업 규제	소득 수준	경단취업적합도	직업 전망
✽✽	✽✽	✽	✽✽✽	✽✽✽✽

- 국가전문자격
- 지역별 여성새로일하기센터
- 가족 친화 인증 기업 및 기관

국가전문자격

주관 부처	자격명
보건복지부	사회복지사 1급
환경부	정수시설운영관리사1급, 정수시설운영관리사2급, 정수시설운영관리사3급
고용노동부	공인노무사, 산업보건지도사(산업위생공학), 산업보건지도사(직업환경의학), 산업안전지도사(건설안전), 산업안전지도사(기계안전), 산업안전지도사(전기안전), 산업안전지도사(화공안전)
해양수산부	감정사, 검량사, 검수사
중소기업청	경영지도사(1차공통), 경영지도사(마케팅), 경영지도사(생산관리), 경영지도사(인적자원관리), 경영지도사(재무관리), 기술지도사(1차공통), 기술지도사(금속), 기술지도사(기계), 기술지도사(생명공학), 기술지도사(생산관리), 기술지도사(섬유), 기술지도사(전기전자), 기술지도사(정보처리), 기술지도사(화공), 기술지도사(환경)
경찰청	기계경비지도사, 일반경비지도사
공정거래위원회	가맹거래사
문화체육관광부	관광통역안내사(독어), 관광통역안내사(러시아어), 관광통역안내사(말레이/인도네시아어), 관광통역안내사(베트남어), 관광통역안내사(불어), 관광통역안내사(스페인어), 관광통역안내사(아랍어), 관광통역안내사(영어), 관광통역안내사(이탈리아어), 관광통역안내사(일본어), 관광통역안내사(중국어), 관광통역안내사(태국어), 국내여행안내사, 박물관및미술관준학예사, 한국어교육능력검정시험, 호텔경영사, 호텔관리사, 호텔서비스사
문화재청	문화재수리기능자(가공석공), 문화재수리기능자(대목수), 문화재수리기능자(도금공), 문화재수리기능자(드잡이공), 문화재수리기능자(모사공), 문화재수리기능자(목조각공), 문화재수리기능자(박제및표본제작공), 문화재수리기능자(번와와공), 문화재수리기능자(보존처리공), 문화재수리기능자(석조각공), ·문화재수리기능자(세척공), 문화재수리기능자(소목수), 문화재수리기능자(식물보호공), 문화재수리기능자(실측설계사보), 문화재수리기능자(쌓기석공), 문화재수리기능자(온돌공), 문화재수리기능자(제작와공), 문화재수리기능자(조경공), 문화재수리기능자(철물공), 문화재수리기능자(칠공), 문화재수리기능자(표구공), 문화재수리기능자(한식미장공), 문화재수리기능자(화공), 문화재수리기능자(훈증공), 문화재수리기술자(단청), 문화재수리기술자(보수), 문화재수리기술자(보존과학), 문화재수리기술자(식물보호), 문화재수리기술자(실측설계), 문화재수리기술자(조경)
관세청	관세사
여성가족부	1급 청소년상담사, 1급 청소년지도사, 2급 청소년상담사, 2급 청소년지도사, 3급 청소년상담사, 3급 청소년지도사
농림축산식품부	경매사(수산), 경매사(약용), 경매사(양곡), 경매사(청과), 경매사(축산), 경매사(화훼), 농산물품질관리사, 손해평가사
국토교통부	감정평가사, 공인중개사, 물류관리사, 주택관리사보
해양수산부	수산물품질관리사

국민안전처	소방시설관리사, 소방안전교육사
행정자치부	기술행정사, 외국어번역행정사, 일반행정사
국세청	세무사
특허청	변리사
산림청	1급 산림치유지도사, 2급 산림치유지도사, 목구조관리기술자, 목구조시공기술자, 산림교육전문가
보건복지부	간호사, 간호조무사, 물리치료사, 방사선사, 보육교사, 안경사, 안마사, 약사, 영양사, 위생사, 응급구조사, 의무기록사, 의사, 의지보조기기사, 임상병리사, 작업치료사, 장례지도사, 정신보건간호사, 정신보건사회복지사, 정신보건임상심리사, 조산사, 치과기공사, 치과위생사, 치과의사, 한약사, 한약조제사, 한의사
환경부	환경측정분석사
고용노동부	직업능력개발훈련교사
해양수산부	고속구조정수, 구명정수, 기관사, 도선사, 소형선박조종사, 수면비행선박조종사, 수산질병관리사, 운항사, 통신사, 항해사
경찰청	자동차운전기능검정원, 자동차운전면허, 자동차운전전문강사
문화체육관광부	경기지도사, 경주심판, 무대예술전문인, 문화예술교육사, 사서, 생활체육지도사
방송통신위원회	무선통신사, 아마츄어무선기사
관세청	보세사
미래창조과학부	방사선취급감독자면허, 방사성동위원소취급자일반면허, 방사성동위원소취급자특수면허, 원자로조종감독자면허, 원자로조종사면허 핵연료물질취급면허 [감독자], 핵연료물질취급면허 [취급자]
농림축산식품부	가축인공수정사, 농산물검사원, 말조련사, 수의사, 장제사, 재활승마지도사
산업통상자원부	유통관리사
국토교통부	건축사, 건축사(예비), 교통안전관리자, 버스운전자, 사업용 조종사, 운송용 조종사, 자가용 조종사, 철도차량운전면허, 택시운전자격, 항공교통관제사, 항공기관사, 항공사, 항공운항관리사, 항공정비사, 화물운송종사자
교육부	보건교사, 사서교사, 실기교사, 영양교사, 전문상담교사, 정교사, 준교사, 평생교육사
국민안전처	1급 소방안전관리자, 2급 소방안전관리자, 기업재난관리자, 특급 소방안전관리자, 화재조사관
국세청	주류제조관리사
해양경찰청	동력수상레저기구조종면허
법무부	변호사
법원행정처	법무사
금융위원회	공인회계사, 보험계리사, 보험중개사, 손해사정사

지역별 여성새로일하기센터

이 자료는 2016년 10월 여성가족부(www.mogef.go.kr) 홈페이지에서 수집했으며, 독자가 활용하기 쉽도록 지역별로 정리하였다. 자세한 정보는 해당 기관의 홈페이지를 검색하거나 해당 기관에 직접 문의하기 바란다.

서울특별시

기초	센터명	기관명(원소속)	전화번호	홈페이지
강남구	서울과학기술새일센터	(재)한국여성과학기술인지원센터	02-6258-5000	www.wiset.re.kr/newjob
강동구	강동새일센터	(사)한국직업지도진흥원	02-475-0110	www.kive.or.kr
강북구	강북새일센터	강북여성인력개발센터	02-980-2377	www.womanjob.or.kr
강서구	강서새일센터	강서여성인력개발센터	02-2692-4549	www.hrbks.or.kr
관악구	관악새일센터	관악여성인력개발센터	02-886-9523	www.kwoman.or.kr
광진구	동부새일센터	동부여성발전센터	02-460-2384~9	dongbu.seoulwomen.or.kr
구로구	간호새일센터	서울특별시간호사회	02-859-6346	www.snarcc.or.kr
	구로새일센터	구로여성인력개발센터	02-867-8833	www.kurowoman.com
금천구	남부새일센터	남부여성발전센터	02-802-0185	nambu.seoulwomen.or.kr
노원구	노원새일센터	노원여성인력개발센터	02-951-0187	www.job365.or.kr
	북부새일센터	북부여성발전센터	02-972-5506	bukbu.seoulwomen.or.kr
도봉구	도봉새일센터	도봉여성센터	070-7858-3210	www.dobongwoman.or.kr
동대문구	동대문새일센터	동대문여성인력개발센터	02-921-2070	www.job2060.or.kr
동작구	동작새일센터	동작여성인력개발센터	02-525-1121	dongjak.seoulwomen.or.kr
마포구	중부새일센터	중부여성발전센터	02-719-6307	jungbu.seoulwomen.or.kr
서대문구	서대문새일센터	서대문여성인력개발센터	02-332-8661	www.workers.or.kr
서초구	서초새일센터	서초여성인력개발센터	02-6929-0011	www.itwoman.or.kr
성동구	성동새일센터	성동여성인력개발센터	02-3395-1500	sd.seoulwomen.or.kr
성북구	성북새일센터	(사)한국고용복지센터	02-942-3117	www.sbwomanup.or.kr
	정릉새일센터	정릉종합사회복지관	070-4693-4755	www.jnwelfare.or.kr
송파구	송파새일센터	송파여성인력개발센터	02-430-6070	songpa.seoulwomen.or.kr
양천구	서부새일센터	서부여성발전센터	02-2607-5638	seobu.seoulwomen.or.kr
영등포구	영등포새일센터	영등포여성인력개발센터	02-858-4822~3	www.ywcajob.or.kr
용산구	용산새일센터	용산여성인력개발센터	02-714-9762	yongsan.seoulwomen.or.kr
은평구	은평새일센터	은평여성인력개발센터	02-389-2115	www.epwoman.or.kr/
종로구	종로새일센터	종로여성인력개발센터	02-741-1326	www.sbwomen.or.kr/
중구	중구새일센터	중구여성플라자	02-2234-3130	www.jgwoman.or.kr
중랑구	중랑새일센터	중랑여성인력개발센터	02-3409-1948	jungnang.seoulwomen.or.kr

부산광역시

기초	센터명	기관명(원소속)	전화번호	홈페이지
강서구	부산강서새일센터	부산광역시 강서구	051-970-4363	-
기장군	기장새일센터	부산광역시 기장군	051-709-5359	-
남구	부산새일센터	부산광역시여성회관	051-610-2011	woman.busan.go.kr
동구	동구새일센터	동구여성인력개발센터	051-464-9882	www.ewoman.or.kr
동래구	동래새일센터	동래여성인력개발센터	051-501-8945	www.womancenter.or.kr
부산진구	부산진새일센터	부산진여성인력개발센터	051-807-7944	www.bswoman.or.kr
사상구	부산 광역새일센터	부산광역시 여성문화회관	051-320-8342	wcc.busan.go.kr
	사상새일센터	사상여성인력개발센터	051-326-8778	www.bbwoman.or.kr
서구	부산서구새일센터	부산서구 여성센터	051-240-3560	www.bsseogu.go.kr/
해운대구	해운대새일센터	해운대여성인력개발센터	051-702-9196	www.hwcenter.or.kr

대구광역시

기초	센터명	기관명(원소속)	전화번호	홈페이지
남구	대구남부새일센터	대구여성인력개발센터	053-472-2281	www.how-ywca.or.kr
북구	대구새일센터	대구광역시 여성회관	053-310-0140	www.dgnewjob.go.kr
서구	대구달서새일센터	대구달구벌여성인력개발센터	053-285-1331	www.dalseocenter.or.kr
수성구	수성새일센터	대구수성 여성클럽	053-766-0308	www.rose.or.kr

인천광역시

기초	센터명	기관명(원소속)	전화번호	홈페이지
계양구	계양새일센터	계양구 여성회관	032-554-9368	www.gywoman.or.kr
남구	인천남구새일센터	인천남구여성인력개발센터	032-881-6060~2	www.namgucenter.or.kr
	인천새일센터	인천광역시 여성복지관	032-440-6528	women-center.incheon.go.kr
남동구	인천남동산단새일센터	한국여성경제인협회인천지회	032-260-3611	www.iwwc.or.kr
	인천남동구새일센터	인천여성인력개발센터	032-469-1251	www.ywcaici.com
부평구	부평새일센터	인천광역시 여성문화회관	032-511-3161~3	www.ifwf.or.kr
	인천광역새일센터	(재)인천여성가족재단	032-511-3161	www.ifwf.or.kr
서구	인천서구새일센터	인천서구여성인력개발센터	032-577-6091	www.sgwomen.or.kr

광주광역시

기초	센터명	기관명(원소속)	전화번호	홈페이지
광산구	광주광산구새일센터(신단형)	광주 여성새로일하기지원본부	1577-2919	www.gjwomenwork.or.kr
남구	송원대새일센터	송원대학교 부설 평생교육원	062-360-5902	www.songwon.ac.kr/edulife
동구	광주새일센터	광주여성인력개발센터	062-511-0001	www.womencenter.or.kr
북구	광주북구새일센터	광주북구여성인력개발센터	062-266-8500	www.bkwomancenter.or.kr
서구	광주서구새일센터	광주광역시 일가정양립지원본부	062-613-7986~9	www.woman.gwangju.go.kr

대전광역시

기초	센터명	기관명(원소속)	전화번호	홈페이지
서구	대전새일센터	대전여성인력개발센터	042-524-4181~2	www.djjob.or.kr
	대전 광역새일센터	배재대학교 평생교육원	042-520-5337	djsaeil.pcu.ac.kr
유성구	대전배재ICT융합새일센터	배재대학교 대덕밸리캠퍼스	042-524-1982	technosaeil.pcu.ac.kr

세종특별자치시

기초	센터명	기관명(원소속)	전화번호	홈페이지
세종시	세종새일센터	세종 YWCA	044-863-8210	www.sejongsaeil.com

울산광역시

기초	센터명	기관명(원소속)	전화번호	홈페이지
남구	울산새일센터	울산광역시 여성인력개발센터	052-258-8064	www.usw.or.kr
중구	울산중부새일센터	울산광역시 여성회관	052-281-1616	www.w1.or.kr

경기도

기초	센터명	기관명(원소속)	전화번호	홈페이지
고양시	고양새일센터	고양여성인력개발센터	031-912-8555	www.kycenter.or.kr
광명시	광명새일센터	광명시 여성회관	02-2680-6773	woman.gm.go.kr
김포시	김포새일센터	김포시	031-996-7607~7611	-
남양주시	남양주새일센터	남양주 YWCA	031-577-0886~7	www.nyjsaeil.co.kr
부천시	부천새일센터	부천여성인력개발센터	032-326-3004	www.ilwoman.or.kr
성남시	성남새일센터	성남여성인력개발센터	031-718-6696	www.snw.or.kr
수원시	팔달새일센터	수원시가족여성회관	031-259-9831	www.sfwnwc.kr
	영통새일센터	수원여성인력개발센터	031-206-1919	www.vocationplus.com
시흥시	시흥새일센터	시흥여성인력개발센터	031-313-8219	www.shwomen.or.kr
	시흥새일센터(산단형)	시흥여성새로일하기지원본부	031-310-6020, 6029	www.womenwork.or.kr
안산시	안산새일센터	안산여성인력개발센터	031-439-2060	www.ansanwomen.or.kr
안양시	안양새일센터	안양여성인력개발센터	031-453-4360	www.anyangcenter.or.kr
	안양창조산업새일센터	(재)안양창조산업진흥원	031-8045-5191	www.aca.or.kr
오산시	오산새일센터	오산시	031-8024-9865	-
용인시	경기IT새일센터	경기도 여성능력개발센터	031-899-9180	www.womenpro.or.kr
	경기광역새일센터	경기도 여성능력개발센터	031-899-9101~2	www.womenpro.or.kr
	용인대스포츠새일센터	용인대학교	031-8020-3661~2	www.yonginsaeil.com
의정부시	경기북부광역새일센터	경기도북부여성비전센터	031-8008-8100	www.womanpia.or.kr
	의정부YWCA새일센터	의정부YWCA	031-853-6332	ujbywca.or.kr
이천시	이천새일센터	이천 YMCA	031-632-1982	woman.icheon.go.kr
파주시	파주새일센터	서영대학교 미래평생교육원	031-930-9540	-

평택시	평택새일센터	평택새일센터	031-8024-7412, 7414	newjob.pyeongtaek.go.kr
포천시	포천새일센터	(사)가족보건복지협회	031-541-7943	www.pcsaeil.or.kr
화성시	화성새일센터	화성시 여성비전센터	031-267-8792~8798	unicenter.hcf.or.kr

강원도

기초	센터명	기관명(원소속)	전화번호	홈페이지
강릉시	강릉새일센터	강릉여성인력개발센터	033-643-1148	www.gnwomen.kr
동해시	동해새일센터	동해YWCA	033-533-6077	www.dhywca.or.kr
삼척시	삼척새일센터	삼척시 평생학습관	033-570-4434	lifelong.samcheok.go.kr
양양군	양양새일센터	양양군 여성회관	033-670-2357	www.yangyang.go.kr
영월군	영월새일센터	영월군여성회관	033-370-1333	www.ywsaeil.or.kr
원주시	원주새일센터	상지영서대학교 부설 평생교육원	033-748-3131	www.wseill.kr
정선군	정선새일센터	정선군 여성회관	033-560-2316	women.jeongseon.go.kr
춘천시	춘천새일센터	춘천여성인력개발센터	033-243-6474	www.ccwomen.or.kr

충청북도

기초	센터명	기관명(원소속)	전화번호	홈페이지
영동군	영동새일센터	영동군 여성회관	043-745-7713	www.ywwc.or.kr
제천시	제천새일센터	제천시 여성문화센터	043-644-3905	www.djcwomenwork.or.kr
청주시	청주새일센터	청주여성인력개발센터	043-253-3400~1	www.womanhouse.or.kr
	충북새일센터(산단형)	충북여성새로일하기지원본부	043-217-9195	www.cbwoman.or.kr
충주시	충주새일센터	충주 YWCA	043-845-1991	www.chjuywca.or.kr
청주시	청주IT새일센터	한국교원대학교 산학협력단	043-230-3150	chungbuk.wiset.re.kr/index.php
청주시	충북 광역새일센터	충북여성새로일하기지원본부	043-215-9195	www.cbwoman.or.kr

충청남도

기초	센터명	기관명(원소속)	전화번호	홈페이지
공주시	공주새일센터	공주대학교 평생교육원	041-850-6061~7	www.kongjusaeil.co.kr
논산시	논산새일센터	논산여성인력개발센터	041-736-6244	www.nsjob.or.kr
당진시	당진새일센터	당진시 종합복지타운	041-360-3230~2	saeil.dangjin.go.kr
보령시	보령새일센터	보령여성인력개발센터	041-935-9663	www.brjob.or.kr
부여군	부여새일센터	부여군 여성문화회관	041-830-2647, 2754	www.buyeosaeil.kr
서산시	서산새일센터	서산시	041-660-2707	seosansaeil.kr
아산시	아산새일센터	재단법인 제니엘푸른꿈일자리재단	041-425-0160	asansaeil.purun.or.kr
예산군	예산새일센터	공주대학교	041-330-1542	yesansaeil.or.kr
천안시	천안새일센터	천안여성인력개발센터	041-576-3060	www.chwoman.or.kr
홍성군	홍성새일센터	홍성군	041-630-9541~7	-

전라북도

기초	센터명	기관명(원소속)	전화번호	홈페이지
김제시	김제새일센터	김제시 여성회관	063-540-4120	www.gimje.go.kr
군산시	군산새일센터	군산여성인력개발센터	063-468-0055	www.kswork.or.kr
남원시	남원새일센터	남원시 여성문화센터	063-633-0860	women.namwon.go.kr
완주군	완주새일센터	완주군청 근로자종합복지관	063-290-3880	-
익산시	익산(단형)새일센터(산단형)	익산여성새로일하기센터(산단형)	063-840-6568	www.iksanwomenwork.or.kr
전주시	전주새일센터	전주여성인력개발센터	063-232-2352	www.jjwoman.or.kr
	전북새일센터	전북여성교육문화센터	063-254-3610	www.jbwc.re.kr
	전북 광역새일센터	전북여성교육문화센터	063-254-3813	www.jbwc.re.kr
정읍시	정읍새일센터	정읍시 여성문화회관	063-534-8219	jeongeupwoman.or.kr

전라남도

기초	센터명	기관명(원소속)	전화번호	홈페이지
광양시	광양새일센터	광양시청 여성문화센터	061-797-2781	www.gwangyang.go.kr/wec
나주시	나주새일센터	학교법인 해인학원	061-333-2060	www.najusaeil.net
목포시	목포새일센터	목포여성인력개발센터	061-283-7535	www.mpywca.or.kr
무안군	전남광역새일센터	(재) 전남여성플라자	061-260-7335	www.jnnewjob.or.kr
여수시	여수새일센터	여수여성인력개발센터	061-641-0050	여수여성인력개발센터.kr
영암군	영암새일센터	(재)전남인력개발원	061-463-9972	www.yahrd.or.kr
순천시	순천새일센터	순천여성인력개발센터	061-744-9705	www.scwoman.kr
장성군	장성새일센터	장성군 여성회관	061-390-7635~6	saeil.jangseong.go.kr
화순군	화순새일센터	화순군	061-379-3551	www.hwasun.go.kr

경상북도

기초	센터명	기관명(원소속)	전화번호	홈페이지
경산시	경산새일센터	경상북도 경산시	053-667-6880	www.gyeongsan.go.kr/woman
경주시	경주새일센터	굿네이버스 경북남부지부	054-744-1901	cafe.daum.net/GNIgyeongju1
구미시	구미새일센터	구미여성인력개발센터	054-456-9494	www.gumiwoman.or.kr
김천시	김천새일센터	김천시 평생교육원	054-430-1179	bokji.gc.go.kr
영천시	영천새일센터	영천교육문화센터	054-339-7759	ec.yc.go.kr
영천시	경북광역새일센터	(재)경북여성정책개발원	053-335-1982	www.gbnewjob.or.kr
포항시	포항새일센터	포항YWCA여성인력개발센터	054-278-4410	www.ph-woman.or.kr
칠곡군	칠곡새일센터	칠곡여성인력개발센터	054-973-7019	www.chilgokcenter.or.kr

경상남도

기초	센터명	기관명(원소속)	전화번호	홈페이지
거제시	거제새일센터	거제시 여성회관	055-634-2064	www.geojewoman.or.kr

김해시	김해새일센터	김해여성인력개발센터	055-331-4335	www.withwoman.co.kr
	김해시동부새일센터	김해시 여성센터	055-329-2145	womencenter.gimhae.go.kr
양산시	양산새일센터	양산 YWCA	055-362-9192	ys-ywca.or.kr
진주시	진주새일센터	진주시 능력개발원	055-749-2593	pdi.jinju.go.kr
창원시	마산새일센터	마산여성인력개발센터	055-232-5265	www.masan-woman.or.kr
	창원새일센터	창원여성인력개발센터	055-283-3221	www.cwcenter.or.kr
	경남새일센터(산단형)	경남여성새로일하기센터(산단형)	1588-3475	www.gnwomenwork.or.kr

제주특별자치도

기초	센터명	기관명(원소속)	전화번호	홈페이지
서귀포시	서귀포새일센터	서귀포YWCA	064-762-1400	www.sgpoywca.or.kr
	한라새일센터	제주도 농업기술원	064-739-8920	-
제주시	제주새일센터	제주여성인력개발센터	064-753-8090	www.jejuwoman.kr

가족 친화 인증 기업 및 기관

이 자료는 2016년 10월 여성가족부(www.mogef.go.kr) 홈페이지에서 수집했으며, 독자가 활용하기 쉽도록 지역별, 기업 형태별로 정리하였다. 자세한 정보는 공공기관 및 기업의 홈페이지를 검색하거나 해당 기관에 직접 문의하기 바란다.

강원도

지역(기초단위)	구분	기업(기관)명
강릉시	공공기관	강원도 강릉시청
	중소기업	(주)동일식품, 동해식품(주), 이스트힐
동해시	공공기관	강원도 동해시청
속초시	중소기업	(주)동표
영월군	공공기관	강원도 영월군청
원주시	공공기관	한국보훈복지의료공단, 한국관광공사, 한국광물자원공사, 강원도 원주시청
	대기업	군인공제회 제일F&C
	중소기업	주식회사 크린, 유성싸엔에프(주), (주)서울식품그랜드(주), 농업회사법인주식회사 금돈, 주식회사 다한울축산
인제군	공공기관	강원도 인제군청
	중소기업	상일제과 주식회사
정선군	공공기관	강원도 정선군청
철원군	중소기업	미성식품(주)
춘천시	공공기관	강원도청
	대기업	한국고용정보
	중소기업	주식회사 소프트하우스, (주)삼우아이엠씨, 동양아이텍(합), 문화프로덕션도모
평창군	공공기관	강원도 평창군청
	중소기업	주식회사 봉평농원
화천군	중소기업	(주)봄내
횡성군	공공기관	강원도 횡성군청
	중소기업	서울에프엔비(주)

경기도

지역(기초단위)	구분	기업(기관)명
가평군	공공기관	가평군시설관리공단
고양시	공공기관	국립암센터, 경기도 고양시청, 한국건설기술연구원
	대기업	주식회사 킨텍스

	중소기업	(주)체리쉬, (주)금호시푸드, (주)금호통상, 컨베스트(주), 디엔비, 주식회사 신화엔지니어링, (주)네이처닉
과천시	공공기관	경인지방통계청, 한국마사회
	대기업	코오롱인더스트리(주)
	중소기업	넥서스환경디자인연구원(주), 주식회사 넥소
광명시	중소기업	(주)올크린, (주)애강그린텍
광주시	공공기관	경기도 광주시청
	중소기업	위더스케미칼(주)
구리시	공공기관	경기도 구리시청
	중소기업	(주)아트텍라이팅
군포시	공공기관	경기도 군포시청, 군포시시설관리공단, 축산물품질평가원
	대기업	주식회사 현대케피코, 엘에스글로벌인코퍼레이티드(주)
	중소기업	(주)유로비젼레이저, 싸엘전자 주식회사
김포시	공공기관	김포도시공사, 경기도 김포시청
	중소기업	(주)성진금속, (주)태림에프웰, (주)진성테크, 트라비스엘리베이터, 일신전자통신(주), 에스아이엠(주), 우리별
남양주시	공공기관	경기도 남양주시청
	중소기업	에덴노인전문요양센터, (주)신흥농산, (주)동진푸드, 삼원금속공업(주), (주)한맥푸드
동두천시	대기업	동두천드림파워(주)
	공공기관	경기도 동두천시청
	중소기업	(주)우리집식품, 농업회사법인 주식회사 명도식품
부천시	공공기관	경기도 부천시청, 부천시시설관리공단, 재단법인 한국만화영상진흥원
	대기업	한화저축은행
	중소기업	티에스케이에프, 주식회사 레드아이스, 세미크론(주), (주)카운텍, 시스트로닉스, (주)엘케이하이테크
성남시	공공기관	한국장애인고용공단, 경기도 성남시청, 성남시청소년재단, 전자부품연구원, 성남도시개발공사, 한국국제협력단, 한국지역난방공사
	대기업	(주)파리크라상, 에스케이씨앤씨(주), (주)엔에스쇼핑, 주식회사 케이티, 네이버 주식회사
	중소기업	(주)비젼바이오켐, 주식회사 휴온스, (주)아이플라이, (주)자유투어, 가람디자인컨설팅, (주)미애부, 주식회사 우암코퍼레이션, (주)에이텍시스템, 주식회사 홍당무, 주식회사 세라트, 구주기술(주), 케이티엠테크놀로지 주식회사, 주식회사 산엔지니어링, 활기찬 중부관광, 티플러스, (주)솜피, 에이텍, 주식회사 디투에스, (주)여의시스템
수원시	공공기관	경기도청, 경기도 수원시청, 수원시시설관리공단, 경기관광공사, 경기도 장애인종합복지관, 재단법인 경기복지재단, 경기중소기업종합지원센터, 농업기술실용화재단
	대기업	(주)경기화성바이오밸리, (주)리한, 삼성전자로지텍(주), (주)두산 글로넷, 삼성전기(주)
	중소기업	주식회사 코아옵틱스, 암페놀커머셜인터커넥트코리아(주), 주식회사 비비테크, 주식회사 바이로봇, 주식회사 유넷컨버전스, 함께일하는세상(주)

시흥시	공공기관	경기도 시흥시청, 시흥시시설관리공단
	중소기업	주식회사 콘스탄텍, 주식회사 피케이지, 나노 엘이디(주), 제일산업(주)
안산시	공공기관	경기도 안산시청, 한국해양과학기술원, 안산도시공사
	중소기업	대영이앤비(주), 주식회사 팜클, (주)다원시스, 대열보일러, 풍원정밀(주), (주)라셀르, 주식회사 뉴티스, 주식회사 한백냉장, 풍원화학(주)
안성시	중소기업	농심켈로그(주), 농업회사법인 합자회사 이화종합식품, 코리아에프티(주)
안양시	공공기관	경기도 안양시청, 농림수산식품기술기획평가원, 축산물안전관리인증원, 안양시시설관리공단
	대기업	엘에스엠트론(주), 에릭슨엘지(주), 엘에스산전(주), 에릭슨엘지 엔터프라이즈(주)
	중소기업	케이에스아이(주), (주)신라명과, 대영관리주식회사, 주식회사 세오, (주)태광네트웍정보, (주)태성산업, 안양노인전문요양원, 주식회사 이모티브시앤시, (주)에스비엠, (주)프라임솔루션
양주시	공공기관	양주시시설관리공단, 경기도 양주시청
	중소기업	에이제이스틸 주식회사, 대흥에코 주식회사
양평군	공공기관	경기도 양평군청
여주시	공공기관	경기도 여주시청
연천군	공공기관	연천군시설관리공단, 경기도 연천군청
	중소기업	(주)임진강김치
오산시	공공기관	오산시시설관리공단, 경기도 오산시청, 재단법인 오산문화재단
	중소기업	(주)엔코스
용인시	공공기관	경기도 용인시청, 한국전력기술(주), 재단법인 용인문화재단
	대기업	삼성디스플레이 주식회사, 삼성SDI 주식회사
	중소기업	지인지기교육, (주)올콘텐츠, (주)동성식품, (주)백광정밀, 주식회사 봉평농원
의왕시	공공기관	경기도 의왕시청, 의왕도시공사
	대기업	제일모직
	중소기업	(주)자엔팜, 모든테크
의정부시	공공기관	경기도 의정부시청, 의정부시시설관리공단
	중소기업	주식회사 에브리데이해피
이천시	공공기관	경기도 이천시청
	대기업	디아지오코리아, 에스케이하이닉스 주식회사
	중소기업	농업회사법인(주)한길웰바이오, (주)복천식품, (주)코주부씨앤에프
파주시	공공기관	파주시시설관리공단, 경기도 파주시청
	대기업	(주)웅진씽크빅, 교보문고 주식회사
	중소기업	센텍코리아, 코델리커피, 아이에이치 디벨루인(주), (주)피유시스, 경창산업, 선일금고제작, 신진도아스, (주)중원냉열, 주식회사 찰고무키보드
평택시	공공기관	경기도 평택시청
포천시	공공기관	경기도 포천시청, 포천시 시설관리공단
	중소기업	주식회사 한맥식품, (주)한일코리아, 유진농산 주식회사, 세복식품, (주)움트리
하남시	공공기관	하남시도시개발공사
	중소기업	영진앵글 주식회사

화성시	공공기관	화성도시공사, 경기도 화성시청
	대기업	주식회사 바텍, 에이에스엠엘코리아(주)
	중소기업	화홍산업(주), 아이펙아엔(주), 주식회사 비티씨, (주)미래컴퍼니, (주)진테크널러지, 삼일포장산업(주), 하지공업(주), (주)에센트테크, (주)대한인스트루먼트, 태광정밀, 지성알미늄 주식회사, 원명에스티에스(주), 경기화약(주), 주식회사 캐스트맨, (주)에이원씨엔에스

경상남도

지역(기초단위)	구분	기업(기관)명
거제시	공공기관	경상남도 거제시청
	중소기업	쏘테크 주식회사
거창군	공공기관	경상남도 거창군청
고성군	공공기관	경상남도 고성군청
김해시	공공기관	경상남도 김해시청
	대기업	(주)김해테크노밸리
	중소기업	주식회사 부광스틸, 유진하이테크(주), 고려냉장식품(주), (주)환공식품, (주)바이저, 태림농산, (주)신성사, (주)조이풀, (주)창일, 실버스타케미칼(주), 금우(주)
남해군	공공기관	경상남도 남해군청
밀양시	중소기업	삼건세기(주), (주)성경티에스
사천시	공공기관	경상남도 사천시청
	중소기업	만구수산(주), 하은테크(주), 켄코아 에어로스페이스(주), (주)남부식품
산청군	공공기관	경상남도 산청군청
양산시	공공기관	경상남도 양산시청
	중소기업	(주)정우식품, (주)대경벤드, (주)경도, (주)백산하이텍, 성보테크, 제일E&S 주식회사, (주)다이테크, (주)부산어묵
의령군	공공기관	경상남도 의령군청
진주시	공공기관	중소기업진흥공단, 국방기술품질원, 한국남동발전(주)
창녕군	공공기관	경상남도 창녕군청
창원시	공공기관	경상남도청, 한국전기연구원, 창원대학교
	대기업	삼성테크윈, 현대로템 주식회사, 에코시스템(주), 경남에너지(주), (주)세아에삽, 한화테크엠 주식회사(2014년 10월 한화에 인수합병), 영화금속
	중소기업	(주)대성, 대원기전(주), (주)호명테크, 오성기전, 태림산업(주), 신화철강(주), 주식회사 태양엔지니어링, 킴, (주)에스케이아엠, 창영산업, 한성기계공업사, (주)에스에이테크, (주)산호수출포장, 한성아이엘에스(주), 해동기계공업(주), 현대산기(주), 주식회사 현대에스엔씨, (주)성우, 녹원, (주)대건테크, 해암테크(주), 주식회사 신광테크, 신한EMC(주), 한황산업(주), 주식회사 코드원, (주)엠이테크, 범한산업(주), (주)극동목재산업, 무학, 창원기술정공, 세계유압, 수창정밀, 원스탑 주식회사, (주)연암테크, 주식회사 대랑, 주식회사 대신산업, (주)대호아이앤티, 주식회사 성평, 성호특수강, 주식회사 제일종공, (주)성현, 주식회사 코텍, 두성산업(주), 365병원, 영창기업(주), 남영TECH, 동남특수강(주), 삼흥정공(주), GS목재, 에스엠티, 에이스텍, 주식회사 고려이노테크, 대평제관

하동군	공공기관	경상남도 하동군청
함안군	공공기관	경상남도 함안군청
	중소기업	주식회사 케이피테크, (주)산호에스엔피

경상북도

지역(기초단위)	구분	기업(기관)명
경산시	공공기관	경상북도개발공사
	중소기업	(주)삼광, 모닝하우스, (주)엠피코, (주)서원푸드
경주시	공공기관	한국수력원자력(주), 한국원자력환경공단
	중소기업	(주)미정, 원창스틸, (주)옥종합식품, 에싸
구미시	공공기관	경상북도 구미시청, 구미시설공단
	대기업	(주)티에스케이이엔이
	중소기업	에스엠텍, 태성전기(주), (주)에이에스티젯텍
김천시	공공기관	한국도로공사, 교통안전공단
문경시	중소기업	한국씨앤오테크(주)
안동시	중소기업	(주)농업회사법인 예안촌
영주시	공공기관	경상북도 영주시청
	중소기업	화미하회식품
영천시	중소기업	성도테크, 동양종합식품(주), 삼성유리공업(주), (주)에나인더스트리
칠곡군	중소기업	(주)성광옵틱, (주)삼성금속
포항시	공공기관	경상북도 포항시청
	대기업	포스코건설, 주식회사 포스코휴먼스, 주식회사 포스코, (주)포스코아이씨티
	중소기업	에스포항병원, 포웰, (주)세영기업

광주광역시

지역(기초단위)	구분	기업(기관)명
광산구	공공기관	광주광역시 광산구청, 광주신용보증재단
	중소기업	세계로병원, (주)씨엠텍
남구	공공기관	광주광역시 남구청, 재단법인 광주광역시 광주문화재단
	중소기업	살롬산업(주), 주식회사 위치스
동구	공공기관	광주광역시 동구청, 재단법인 광주광역시 광주여성재단
	대기업	(주)광주은행
북구	공공기관	광주광역시 북구청, 재단법인 광주디자인센터
	중소기업	휴먼파워(주), 광주일곡병원, 주)10억홈피, 비타민하우스(주)
서구	공공기관	김대중컨벤션센터, 광주광역시도시철도공사, 광주광역시도시공사, 광주광역시청, 광주광역시 서구청
	대기업	금호고속(주), 금호터미널 주식회사, (주)광주신세계
	중소기업	주식회사 우주식품

대구광역시

지역(기초단위)	구분	기업(기관)명
남구	공공기관	대구광역시 남구청
달서구	공공기관	대구광역시 달서구청, 대구도시철도공사
	대기업	삼익THK(주)
	중소기업	벨정보(주), 떡파는사람들, (주)한일포리머, (주)맥스로텍, (주)제이엠비
달성군	중소기업	삼해인더스트리(주), 삼영이앤티
동구	공공기관	한국가스공사, 한국산업단지공단, 재단법인 대구경북디자인센터, 한국산업기술평가관리원, (주)한국감정원, 한국교육학술정보원, 신용보증기금, 대구광역시 동구청
	중소기업	(주)신우폴리켐, 디자인그룹 칸
북구	공공기관	경상북도청, 사회복지법인 가정복지회
	중소기업	(주)창일, 주식회사 오션디, 세계실업, 덕산코트랜, 세일엠보
서구	공공기관	대구광역시 서구청
수성구	대기업	(주)대구은행
	중소기업	삼진보안
중구	공공기관	대구광역시 중구청, 대구광역시청
	대기업	대성에너지(주), 크레텍책임(주)

대전광역시

지역(기초단위)	구분	기업(기관)명
대덕구	공공기관	대전광역시 대덕구청, 한국수자원공사
	대기업	주식회사 케이티앤지
	중소기업	(주)덕안엔지니어링, 대화산업(주), (주)토탈테크, (주)자엘켐, 주식회사 한나노텍, (주)하우, 동림전기 주식회사, 우주산업, (주)디엠텍, (주)운성모터스, (주)하우뷰티, (주)삼진정밀, (주)이에스연구소, (주)다성테크놀로지, (주)네이처테크, 농업회사법인 호천식품(주)
동구	공공기관	대전광역시 동구청, 한국철도공사, 한국철도시설공단
	중소기업	(주)에이스산업, (주)우창산업, (주)대주엔시스, (주)미즈, 베스티안우송병원, 비더스토리, 주식회사 지티에스
서구	공공기관	사단법인 창업진흥원, 산림청, 대전광역시청, 대전광역시 서구청, 충청지방통계청
	대기업	(주)케이티씨에스, (주)한화갤러리아타임월드
	중소기업	(주)나무컴퍼니, (주)델타시스템, 케이포엠(주), (주)인클라우드, 주식회사 예스컴, 주식회사 와이앤피
유성구	공공기관	국가핵융합연구소, 대전광역시시설관리공단, 한국에너지기술연구원, 국가보안기술연구소, 재단법인 한국연구재단, 한국기초과학지원연구원, 한국천문연구원, 국방과학연구소, 한전원자력연료(주), 대전광역시 유성구청, 한국한의학연구원, 한국화학연구원, 한국표준과학연구원, 한국조폐공사, 한국전자통신연구원, 한국기계연구원, 한국원자력안전기술원, 한국화학연구원부실안전성평가연구소, 한국과학기술정보연구원, 한국지질자원연구원
	대기업	(주)골프존

	중소기업	(주)포벨, 주식회사 프로바이오닉, (주)플랜아이, 앤디피에스 주식회사, 이텍산업 주식회사, 다성하이테크, 주식회사 피레타, (주)에스엔, 골프존네트웍스 (주), 주식회사 네오팜, (주)에스이아이엔지, 디씨에스이엔지 주식회사, 주식회사 이공감, 올제텍 주식회사, (주)엠쏘텍, (주)페타리, (주)이지티, (주)유미테크, 주식회사 메이아이, 주식회사 마루이엔지, 주식회사 랩존, 주식회사 대덕테크, 농업회사법인(주)돈도담, 지아이오토메이션(주), (주)대덕아이엠티, (주)명진뉴텍, 대한특허개발(주)
중구	공공기관	대전광역시 중구청
	중소기업	(주)알에쓰씨(R. S. C), 주식회사 건국, (주)성광유니텍, 로쏘(주)성심당

부산광역시

지역(기초단위)	구분	기업(기관)명
강서구	공공기관	부산광역시 강서구청, 재단법인 부산테크노파크
	대기업	(사)한국선급, (주)동화엔텍
	중소기업	(주)KTE, 현항공산업(주), (주)경성아이젠, (주)마이텍, (주)원진엠앤티, 주식회사 파나시아, 주식회사 아이티씨, 주식회사 그린켐텍, 주식회사 아산정밀, 한래IMS(주)
금정구	공공기관	부산지방공단스포원, 부산광역시 금정구청
	중소기업	비아이피 주식회사, 비엔스틸라(주)
기장군	공공기관	부산광역시 기장군청
	중소기업	(주)위성안테나전자, 선재하이테크, (주)디알 액시온, 주식회사 엔에프
남구	공공기관	기술신용보증기금, 대한주택보증주식회사, 부산광역시 남구청, 한국남부발전주식회사, 한국주택금융공사, 한국자산관리공사, 한국예탁결제원
	중소기업	(주)미화실업
동구	공공기관	부산광역시 동구청
	대기업	(주)부산은행
	중소기업	주식회사 비에스
동래구	공공기관	부산지방기상청, 부산광역시 동래구청, 부산환경공단
부산진구	공공기관	부산교통공사, 부산광역시 부산진구청, 부산도시공사, 부산시설공단, 재단법인 부산복지개발원, (재)부산발전연구원
	대기업	에어부산, (주)부산롯데호텔
	중소기업	이샘내과의원, (주)느티나무의사랑
북구	공공기관	부산광역시 북구청, 재단법인 부산여성가족개발원
	대기업	서원유통
	중소기업	부산의용촌 GNT
사상구	공공기관	부산광역시 사상구청
	중소기업	천호식품 주식회사, 동신유압, 아쿠아셀(주), 주식회사 이엠시스텍, 제노, (주)포인트, 경성산업
사하구	공공기관	부산광역시 사하구청
	대기업	(주)동성화학
	중소기업	(주)삼성인더스트리, (주)남광식품, 와이비엔지니어링(주), 선보공업(주), 남일종합식품산업사, 경은산업(주), 탱크테크(주), (주)아즈텍WB, 오케이오병원

서구	공공기관	부산광역시 서구청
	중소기업	고려화공(주)
수영구	공공기관	부산광역시 수영구청
	중소기업	(주)소프트기획, (주)가가이엔지, 경인이엔지(주), 주식회사 비엠에스코리아, (주)비더블류씨
연제구	공공기관	부산광역시청, 부산신용보증재단, 부산광역시 연제구청, 재단법인 부산광역시국제교류재단
	대기업	부일정보링크(주)
	중소기업	(주)지씨에스씨
영도구	공공기관	부산광역시 영도구청, 한국해양수산연수원
중구	공공기관	부산광역시 중구청, 부산항만공사
해운대구	공공기관	(재)영화의전당, 부산광역시 해운대구청, 재단법인 부산정보산업진흥원, 한국청소년상담복지개발원, 영화진흥위원회, 재단법인 부산영어방송재단, 게임물관리위원회
	대기업	벡스코
	중소기업	(주)씨웰, 주식회사 비투맥스

서울특별시

지역(기초단위)	구분	기업(기관)명
강남구	공공기관	해양환경관리공단, 한국중부발전(주), 그랜드코리아레저(주), 한국에너지기술평가원, 서울특별시산업통상진흥원, 서울특별시 강남구청, 에스에이치공사, 한국과학창의재단, 한국서부발전(주)
	대기업	(주)엔투비, 롯데하이마트(주), (주)한미글로벌건축사사무소, (주)로엔엔터테인먼트, (주)대웅제약, 유한킴벌리, 푸르덴셜생명보험(주), 도시바일렉트로닉스코리아, 한국파앤지판매유한회사, 한국애보트주식회사, 현대글로비스 주식회사, 현대모비스(주), 엘오케이(유), 한국아스텔라스제약(주), (주)에스에이엠티, 동성하이켐(주), 현대오토에버 주식회사, 홈플러스테스코(주), (주)포스메이트, 포스코에너지(주), 엘에스메탈 주식회사, 주식회사 한독, 한국오츠카제약주식회사, 하이트진로(주), (주)이노션, 메리츠화재해상보험 주식회사, 듀폰코리아 주식회사, 삼성서울병원, 풀무원식품 주식회사, (주)신세계인터내셔날, (주)포스코피앤에스, (주)엠.피.씨
	중소기업	한국에자이주식회사, 주식회사 프로토타입, (주)사람과기술, (주)리눅스데이타시스템, (주)가엠에스앤에스, (주)올크린, (주)메디컬그룹베스티안, 아이패밀리 에스씨, 벡톤디킨슨코리아(주), 주식회사 아이티위너, 주식회사 크레디프, 부건비엠(주), (주)아이온커뮤니케이션즈, 비엠디, 대신정보기술(주), (주)에스엠컬쳐앤콘텐츠, (주)케이아이엔엑스, GB STYLE, 주식회사 퍼플프렌즈, (유)한국비엠에스제약, 헨켈홈케어코리아 유한회사, 주식회사 펜타브리드, (주)헤즈, 한국애비비, 이브자리, 주식회사 날리지큐브, 솔트룩스, 에이엠피엠(주), 마크로밀엠브레인, 프렉스에어코리아(주), 포샤르치과병원, (주)미미박스, 베스티안병원, (주)한국리서치, (주)필라테크, (주)사이버다임, 주식회사 아누리, 메르케이코리아 유한회사, 주식회사 포시에스, 에듀하우스(주), 트라이언소프트 주식회사
강동구	공공기관	서울특별시강동구도시관리공단, 서울특별시 강동구청
	대기업	삼성엔지니어링, (주)선진
	중소기업	(주)알에이

강북구	공공기관	국립재활원, 서울특별시 강북구청
	중소기업	(주)아이에스솔루션즈
강서구	공공기관	한국임업진흥원, 한국공항공사, 서울특별시 강서구청, 한국건강관리협회, 서울특별시강서구시설관리공단
	대기업	서울도시가스(주), 아시아나에어포트(주), 아시아나항공(주)
	중소기업	씨포유미디어(주), 주식회사 지엘앤티, (주)대흥에코
관악구	공공기관	관악구시설관리공단
	중소기업	주식회사 테크프러스, 명문코리아, (주)아벤트코리아
광진구	공공기관	한국보건의료인국가시험원
	중소기업	(주)내자인
구로구	공공기관	(재)한국승강기안전기술원, 구로구시설관리공단
	대기업	(주)신세계아이앤씨, 대성산업(주), 애경산업(주), 삼성카드고객서비스 주식회사, 서비스에이스 주식회사, 지에스네오텍(주), 주식회사 유세스파트너스, (주)에스앤지파워, (주)이크레더블, 에이비온 주식회사, (주)디엔디리미티드, (주)아엔씨기술, 주식회사 비디, 이지웰페어, 세창인스트루먼트(주), 주식회사 우리시스템즈, 의료법인 우리아이들의료재단 우리아이들병원, 늘푸름 늘푸름보호작업장, (주)휴넷
금천구	공공기관	서울특별시 금천구청
	대기업	롯데정보통신(주), (주)지엔텔, 롯데알미늄(주)
	중소기업	필즈엔지니어링(주), 주식회사 인사이드정보, 인피닉, 엘에스웨어, (주)하몬소프트, 주식회사 타이드, 주식회사 이누크리에이티브앤미디어, (주)바리코리아, 주식회사 에이씨에스글로벌, 엠엘씨월드카고 주식회사, (주)코엔지, 주식회사 유플러스시스템, 주식회사 엠스텍, (주)오픈에스앤에스, 에이케이아이에스(주), 주식회사 씨에이팜, 주식회사 비욘드아이, (주)경우시스테크, (주)네오그라프, 마이크로인스펙션(주), 동양피엔에프(주), (주)신영프레시전, 마이크로큐닉스(주), 중외정보기술, (주)에스티아이씨앤디, (주)데이터클립, 주식회사 빅맨
노원구	공공기관	서울특별시노원구서비스공단, 서울특별시 노원구청
	중소기업	주식회사 삼환티에프
도봉구	중소기업	다양조경개발(주)
동대문구	공공기관	서울특별시 동대문구청, 동대문시설관리공단
	대기업	동아오츠카 주식회사
	중소기업	해피브릿지협동조합, (주)코스틸, 주식회사 동화세상에듀코, (주)유파앤아이, (재)FIT시험연구원
동작구	공공기관	서울특별시 여성가족재단
	대기업	롯데케미칼 주식회사, (주)한솔홈데코
	중소기업	엠일레븐커뮤니케이션(주)
마포구	공공기관	국민건강보험공단, 노사발전재단, 국민건강보험공단 일산병원, 국립공원관리공단, 서울신용보증재단
	대기업	(주)세아제강, CJ CGV(주), (주)효성, 한국엔지니어링플라스틱(주), 한화손해사정(주), (주)KBS N, 씨제이이앤엠 주식회사, (주)이랜드월드, (주)엘아이지시스템, 한솔교육, 에쓰-오일(S-OIL)(주)

	중소기업	주식회사 세윤씨앤에스, (주)피오디커뮤니케이션즈, (주)다림바이오텍, (주)메이딧, (주)이엔팜, 주식회사 지엠홀딩스, (주)호수의나라수오미, (주)타라그래픽스, 제일휴먼스, 이룸디자인스킨 주식회사, 주식회사 클콩
서대문구	공공기관	한국청소년활동진흥원, 서울특별시서대문구도시관리공단, 서울특별시 서대문구청
	대기업	(주)농협물류, 에프앤유신용정보(주)
	중소기업	(주)아이디어빈스
서초구	공공기관	한국국제교류재단, 한국노인인력개발원, (재)국제방송교류재단, 서울특별시 서초구청, 건강보험심사평가원, (재)한국건강가정진흥원, 서울메트로, 국가평생교육진흥원
	대기업	현대자동차(주), 삼성중공업 주식회사, 삼성물산(주), 기아자동차(주), 현대제철 주식회사, 현대하이스코(주), 삼성전자(주), 삼성경제연구소, 사노피-아벤티스 코리아, (주)씨제이오쇼핑, (주)동원에프앤비, 롯데건설(주)
	중소기업	(주)한국테크놀로지, 코마스, (주)한국로슈, 신일종합시스템(주), (주)위드팜, (주)한빛코리아, 주식회사 에이서브, 주식회사 프로휴먼, 상일식품(주), (주)로이포스, 창의와탐구, 파나소닉코리아 주식회사, 델리팜상사(주), 주식회사 코어라인소프트, (주)리서치앤리서치, 주식회사 베네핏, 주식회사 포유네트웍스
성동구	공공기관	서울특별시도시철도공사, 서울특별시 성동구청
	대기업	신한서브, 주식회사 예스코, (주)이마트
	중소기업	(주)아리네트웍스, (주)유니베라, (주)매드포스터디, 브레인즈스퀘어(주), (주)애드맨, 재단법인 아름다운가게, 우행TMS, 루키스
성북구	공공기관	성북구도시관리공단, 한국과학기술연구원
	중소기업	한화제약(주)
송파구	공공기관	서울올림픽기념 국민체육진흥공단, 한국체육산업개발(주), 서울특별시 송파구청, 서울특별시농수산식품공사, 한국인터넷진흥원
	대기업	롯데쇼핑(주)롯데시네마, 롯데칠성음료(주), (주)호텔롯데롯데월드, 삼성SDS, 롯데쇼핑 (주)롯데마트사업본부
	중소기업	벤텍스(주), (주)에프앤디넷
양천구	대기업	CJ헬로비전
	중소기업	(주)한국프라켐, 주식회사 알엠소프트, (주)금호자원
영등포구	공공기관	우체국금융개발원, 한국방송공사, (재)한국장애인개발원, 서울특별시영등포구시설관리공단, 한국우편사업진흥원
	대기업	현대라이프생명보험(주), 엘지디스플레이 주식회사, (주)팬택씨앤아이, 삼성생명서비스손해사정(주), (주)하이텔러서비스, 대우증권 주식회사, 현대커머셜 주식회사, 롯데홈쇼핑, 현대카드 주식회사, (주)왈앤비전, 롯데제과(주), 현대캐피탈 주식회사, 롯데푸드(주), 효성ITX(주), (주)제이앤비컨설팅, 한국아이비엠(주)
	중소기업	(주)누리미디어, 신송식품(주), 쥬비스, 오제이씨 주식회사, 주식회사 위트인포, 장암칼스 주식회사, 시큐어플러스 주식회사, 주식회사 비투엔, 주식회사 윈미디텍, (주)소만사, (주)누비콤, (주)토퍼스엔지니어링, 대신통신기술(주)
용산구	공공기관	서울특별시용산구시설관리공단, 코레일관광개발(주), (재)한국보육진흥원
	대기업	(주)LG유플러스, 케이비생명보험 주식회사, 제일기획, 롯데리아
	중소기업	(주)엘로트래블, (유)기흥모터스, (주)여행박사, (주)잉카엔터웍스, (주)헤럴드
은평구	공공기관	서울특별시은평구시설관리공단, 서울특별시 은평구청

종로구		중소기업	(주)트래블러스맵
		공공기관	한국무역보험공사, 서울특별시 종로구청, 종로구시설관리공단, 재단법인 서울시복지재단, 행정자치부, 서울디자인재단, 한국기상산업진흥원
		대기업	(재)한국의학연구소, 대우건설, 현대건설(주), 한국스탠다드차타드은행, 주식회사 하나저축은행, (주)엘지생활건강, SK루브리컨츠 주식회사, SK에너지(주), 보령메디앙스(주), 현대엔지니어링(주), SK종합화학(주), 매일유업(주), (주)삼양홀딩스, SK트레이딩 인터내셔널(주), SK이노베이션(주), 교보생명보험(주), (주)삼양사, (주)삼양제넥스
		중소기업	제로투세븐, (주)대학내일, (주)박스터, 주식회사 와이즈웰니스, (주)인코칭, (주)해피블라썸, 동양의학표준과학원
중구		공공기관	예금보험공사, 한국방송광고진흥공사, 한국건강증진개발원, 서울특별시청, 도로교통공단, 사단법인 서울특별시자원봉사센터, 국립중앙의료원, (재)한국장학재단, 대한적십자사, 한국보건복지정보개발원, 중소기업은행, 한국보건의료연구원, 한국정보화진흥원
		대기업	한국씨티은행, 한화호텔앤드리조트, 한화케미칼(주), 현대씨앤알(주), 한화엘앤씨(주), 삼성자산운용(주), 삼성화재해상보험(주), SK텔레콤(주), 호텔신라, 삼성에버랜드 주식회사, 한컴, 한국외환은행, 삼성선물주식회사, 하나은행, 삼성카드 주식회사, 하나금융지주, 코리아세븐, 우리은행, 에스케이텔링크주식회사, 한화, (주)신세계푸드, 에스원, (주)코웨이, 한국릴리 유한회사, 신한은행, 에스케이브로드밴드주식회사, 롯데쇼핑(주), 신세계건설(주), 삼성증권 주식회사, (주)한화갤러리아, 롯데로지스틱스(주), (주)신세계조선호텔, 롯데호텔, 롯데카드(주), 롯데호텔 롯데면세점, 삼성생명보험주식회사, (주)스타벅스커피 코리아, 샘표식품(주), 현대에이치디에스(주), (주)신세계, 씨제이제일제당(주), (주)에스비아이저축은행, 씨제이프레시웨이(주), 씨제이대한통운(주), (주)신세계엘앤비, 엘지이노텍(주), 씨제이 푸드빌(주)
		중소기업	베인앤드컴퍼니코리아인크한국지점, BMW 그룹코리아, (주)타이드스퀘어, 주식회사 에이원, 영선페이퍼 주식회사, 피티엠에스
중랑구		공공기관	중랑구시설관리공단
중랑구		대기업	서울우유협동조합

세종특별자치시

지역(기초단위)	구분	기업(기관)명
세종시	공공기관	보건복지부, 제주지방항공청, 세종특별자치시청, 농림수산식품교육문화정보원
	중소기업	(주)보광화학, 대륙테크놀로지 주식회사, (주)유뮤엔, 동양에이케이코리아

울산광역시

지역(기초단위)	구분	기업(기관)명
남구	공공기관	울산항만공사
	대기업	삼성석유화학(주), 삼성정밀화학(주)
북구	대기업	(주)경동도시가스
울주군	대기업	엘에스니꼬 동제련 주식회사, 삼성비피화학
	중소기업	(주)한텍테크놀로지

| 중구 | 공공기관 | 울산광역시시설관리공단, 한국산업안전보건공단, 한국석유공사, 근로복지공단, 한국산업인력공단, 한국동서발전(주) |

인천광역시

지역(기초단위)	구분	기업(기관)명
강화군	공공기관	인천광역시 강화군청, 강화군시설관리공단
	중소기업	서도물산주식회사, 강화섬 김치, (주)한스코리아
계양구	공공기관	인천광역시 계양구청, 인천광역시계양구시설관리공단
	중소기업	주식회사 비앤코리아
남구	공공기관	인천광역시 남구청, 인천광역시 옹진군청
	중소기업	주식회사 삼성종합관리
남동구	공공기관	인천광역시 남동구청, 인천광역시시설관리공단, 인천광역시청, 인천광역시남동구도시관리공단, (재) 인천광역시 경제통상진흥원
	대기업	아모텍(주)
	중소기업	(주)피엘코스메틱, 기전사, 주식회사 와이에스테크, 범일산업
동구	공공기관	인천광역시 동구청
	중소기업	와이지에프 주식회사
부평구	공공기관	인천여성가족재단, 인천광역시 부평구청, 인천광역시부평구시설관리공단
	대기업	한국지엠 주식회사, 동서식품(주)
	중소기업	제이에스오토모티브(주), 다인이비인후과병원
서구	공공기관	한국환경공단, 인천광역시서구시설관리공단, 인천광역시 서구청
	중소기업	(주)SRC, 기주산업(주), 브니엘네이처 주식회사
연수구	공공기관	선박안전기술공단, 인천광역시 연수구청, 삼성바이오로직스 주식회사, 이너트론, (주)그린
중구	공공기관	인천광역시 중구청, 인천항만공사, 인천국제공항공사
	대기업	유한회사 스태츠칩팩코리아

전라남도

지역(기초단위)	구분	기업(기관)명
강진군	공공기관	전라남도 강진군청
고흥군	공공기관	전라남도 고흥군청
곡성군	공공기관	전라남도 곡성군청
	중소기업	(주)하이텍산업개발
광양시	공공기관	전라남도 광양시청, 여수광양항만공사
	중소기업	주식회사 엠티에스코리아, 주식회사 싸엠테크
구례군	공공기관	전라남도 구례군청
나주시	공공기관	한국농어촌공사, 한국전력공사, 한국농수산식품유통공사, 한국전력거래소, 한전케이디엔(주), 사립학교교직원연금공단, 한국문화예술위원회, 국립나주병원, 한국콘텐츠진흥원

목포시	공공기관	전라남도 목포시청
	중소기업	선일물산(주)
무안군	공공기관	전라남도청, 재단법인 전남여성플라자
	중소기업	홍도식품, 삼진식품(주)
보성군	공공기관	전라남도 보성군청
순천시	공공기관	전라남도 순천시청
	중소기업	주식회사 태희조경개발
여수시	공공기관	전라남도 여수시청
	중소기업	지구환경(주)
영암군	공공기관	전라남도 영암군청
완도군	중소기업	(유)제일물산, 청해진수산, (주)장보고물산, 대라식품, 성원물산, 대진식품
장성군	공공기관	전라남도 장성군청
장흥군	공공기관	전라남도 장흥군청
진도군	공공기관	전라남도 진도군청
함평군	공공기관	전라남도 함평군청
	중소기업	세양종합식품(유)
해남군	공공기관	전라남도 해남군청

전라북도

지역(기초단위)	구분	기업(기관)명
군산시	공공기관	전라북도 군산시청
	중소기업	해전산업(주)
김제시	공공기관	전라북도 김제시청
	중소기업	주식회사 향미원, 참고을
남원시	중소기업	가보테크(주)
순창군	공공기관	전라북도 순창군청
완주군	공공기관	한국전기안전공사
	중소기업	제너럴바이오(주)
익산시	공공기관	전라북도 익산시청
	중소기업	호국용사촌 (주)익산하이테크, (주)빗살
전주시	공공기관	전주시시설관리공단, 전라북도 전주시청, 국민연금공단, 한국국토정보공사, 전라북도청
	중소기업	대자인병원
정읍시	중소기업	(주)플러스원

제주특별자치도

지역(기초단위)	구분	기업(기관)명
서귀포시	공공기관	공무원연금공단, 제주특별자치도 서귀포시청

제주시	공공기관	제주특별자치도 제주시청, 제주테크노파크, 제주특별자치도개발공사, 제주국제자유도시개발센터, 제주특별자치도청
	대기업	(주)제주항공, (주)넥슨네트웍스
	중소기업	(주)제이피엠엔지니어링, (주)유한D&S

충청남도

지역(기초단위)	구분	기업(기관)명
공주시	중소기업	(주)정원엔지니어링, 한일에코산업(주), (주)화인에프티
금산군	공공기관	충청남도 금산군청
	중소기업	(주)EG, (주)우림, (주)하이푸드텍, 보림기계공업(주), 주식회사 보성파니피카
논산시	공공기관	충청남도 논산시청
	중소기업	신흥제과, 주식회사 정우산업, (주)에스앤비푸드 농업회사법인, 농업회사법인 주식회사 산들본가, 하늘땅영농조합법인, (유)목양
당진시	공공기관	충청남도 당진시청
	중소기업	현대호이스트, 하이로지스(주)
보령시	공공기관	충청남도 보령시청
	중소기업	농업회사법인 (주)보금, 주식회사 유런하이테크, (주)삼육수산
부여군	중소기업	(주)제이에스 홀딩스
서산시	공공기관	충청남도 서산시청
	대기업	삼성토탈
	중소기업	동희오토 주식회사
아산시	공공기관	충청남도 아산시청
	대기업	존스콘트롤즈오토모티브코리아(주), 락앤락, 코닝정밀소재(주)
	중소기업	건영포장(주), 경인산업, (주)하이코리아
천안시	공공기관	충청남도 천안시청, 한국생산기술연구원, 천안시시설관리공단
	대기업	스테코
	중소기업	(주)영신특수강, 주식회사 씨에스테크, 주식회사 리움, 주식회사 아모센스, (주)으뜸엘엔에스, 주식회사 엠케이정공, 삼성포장, 주식회사 다프엘, 주식회사 엔에프, 상영산업, 유니젠, 경흥건업(주), (주)원탑, 현보, 락토코리아(주)
청양군	공공기관	충청남도 청양군청
홍성군	공공기관	충청남도청, 충청남도 홍성군청, 충청남도평생교육진흥원
	중소기업	광천토굴전통식품, 홍덕보안시스템, (주)반도기전

충청북도

지역(기초단위)	구분	기업(기관)명
괴산군	공공기관	충청북도 괴산군청
	대기업	우진산전
	중소기업	농업회사법인 한살림축산식품 유한회tk, (주)우진기전

단양군	공공기관	충청북도 단양군청
	중소기업	한드미영농조합법인
보은군	공공기관	충청북도 보은군청
	중소기업	주식회사 이킴
영동군	공공기관	충청북도 영동군청
옥천군	공공기관	충청북도 옥천군청
음성군	공공기관	충청북도 음성군청, 한국소비자원, 한국가스안전공사
	대기업	(학)건국대학교건국유업·건국햄, 비알코리아(주)
	중소기업	(주)뷰티화장품, 주식회사 대성지기, (주)삼아씨에프
제천시	공공기관	충청북도 제천시청
	중소기업	(주)제천교통, 한국자연환경연구소(주), 태양농산(주), (주)씨알푸드, 제천운수(주), (주)유유제약, (주)성원안전산업, 태양물산
증평군	공공기관	충청북도 증평군청
진천군	공공기관	충청북도 진천군청, 국가기상위성센터
	중소기업	(주)싸리비, (주)네이처텍, (주)대흥엔지니어드우드, 주식회사 타파웨어브랜즈코리아
청주시	공공기관	한국보건복지인력개발원, 한국보건산업진흥원, 재단법인 충북테크노파크, 충청북도 청주시청, 충청북도청, 충북개발공사
	대기업	(주)원익머트리얼즈
	중소기업	주식회사 산수야, (주)우진하이텍, (주)오즈네이쳐, 두드림협동조합, (주)메타바이오메드, (주)디에이케이코리아, 영진글러브 주식회사, 세원테크 주식회사, 주식회사 코아아이티, (주)줌텍, (주)에스에이치페이퍼텍, 주식회사 엘씨, (주)제이비엘, (주)하나주방종합가구, (주)인스텍, (주)선우테크앤켐, (주)토마스 케이블, 하안 유산부인과, (주)에이원텍, (주)로토텍, (주)청우건설, (주)대일특수유리, (주)금진, (주)그린광학, 주식회사 에스비메탈, (주)아이앤에스, 주식회사 세경글로텍, (주)신화아이티, (주)동화, (주)하우앳, (주)나스콤, 골드레벤(Goldleben), 주식회사 본텍, 창명제어기술(주), 조은식품 주식회사, 주식회사 킹텍스, 충청북도 충주시청, 농업회사법인신 양송종합식품 주식회사, 주식회사 서한에프앤씨